Faszination **Retriever**
Eine Liebeserklärung

Faszination• Retriever

Eine Liebeserklärung

Brigitte Rauth-Widmann
Karl-Heinz Widmann

KOSMOS

VOM WOLF ZUM RETRIEVER
Wie alles begann 8

VIRTUOSEN DER WASSERMUSIK
Retriever in sechs Variationen 28

Vom Wolf zum Retriever

WIE ALLES BEGANN

Erbgutanalysen haben es vor kurzem bestätigt: Der Hund stammt vom Wolf ab – zweifelsfrei. Daran ist nicht mehr zu rütteln. Der jahrzehntelange Streit unter den Verhaltensforschern über die in Betracht kommenden Ahnen des Haushundes hat damit sein Ende gefunden. Überraschend auch, wie lange die Anfänge dieser Abstammungsgeschichte schon zurückliegen – weit länger als die gemeinhin angenommenen zehntausend Jahre: Vor mehr als einhunderttausend Jahren sollen sie sich abgespielt haben, so vermutet man nun.

Fleischquelle UND JAGDGEFÄHRTE

Wie die Haustierwerdung des Wolfes, also die Entwicklung des Hundes im Einzelnen

abgelaufen ist, darüber allerdings lässt sich weiterhin vortrefflich spekulieren. Wahr-

scheinlich ist, dass schon früh enge Bande zwischen Wolf und Mensch bestanden,

die eine Domestikation begünstigten. Dennoch waren die Anfänge dieser einzig-

artigen Beziehung mit ziemlicher Sicherheit nicht spektakulär. Und eines waren

sie ganz gewiss nicht: sentimental. Schnitt- und Schabespuren an fossilen Knochen,

sowohl von Wölfen als auch von Haushunden, legen die Vermutung nahe, dass

unsere Altvorderen aus den ersten Zusammentreffen mit den Caniden auf nicht ganz

unerwartete Weise ihren Nutzen zogen – mit dem Fleisch der Tiere befriedigten sie

elementarste Bedürfnisse.

Sicher profitierten auch die wilden Verwandten der Haushunde von den damaligen

Zweibeinern. Was sonst hätte sie dazu bewogen, sich in deren – nicht ungefährliche –

Nähe zu begeben? Waren die Wölfe von den Resten der Mahlzeiten unserer jagenden

Vorfahren derart angetan, dass sie ihre Scheu überwanden?

Haben wir den Pudel, den Hofhund oder die Dogge unter Wölfen und Schakalen gesucht, oder sind sie aus sich heraus zu uns gekommen? Wir wissen nichts davon. Soweit die Annalen der Menschheit reichen, ist der Hund an unserer Seite wie jetzt; aber was ist alle menschliche Geschichte zu der zeugnislosen Vorzeit? Stets findet er sich in unseren Behausungen, so alt eingesessen, so gut am Platze, so vollständig unseren Sitten angepasst, als wäre er auf Erden so erschienen, wie er ist, und zu gleicher Zeit mit dem Menschen.

Aus der Erzählung „Beim Tode eines jungen Hundes" des belgischen Dichters, Schriftstellers und Literaturnobelpreisträgers Maurice Maeterlinck.

Ihr Zutrauen könnte dazu geführt haben, dass die Menschen auf den Gedanken verfielen, die zahmen Tiere gezielt mit Essensabfällen anzulocken, um sie bei Nahrungsknappheit als ergiebige Fleischquelle nutzen zu können.

Dies alles klingt nicht gerade nach romantischen Gefühlswerten. Fürwahr kein glanzvolles Zeugnis, das den Frühmenschen damit ausgestellt werden kann – zumindest nach unserem heutigen Empfinden. Dennoch könnte eben dies der Beginn einer wunderbaren Freundschaft, einer Vertrautheit und Zuneigung gewesen sein, der wir die Existenz der treuesten unter allen unseren vierbeinigen Gefährten verdanken. Denn vielleicht waren da ja noch die Kinder, die der Menschen und die der Wölfe: Mit den zutraulichen, anschmiegsamen Wolfswelpen nämlich, die sich ans Lager verirrten, konnten selbst die kleinsten unter den Menschenkindern unbekümmert spielen und schmusen. Neben den Kindern verliebten sich sicherlich auch die Erwachsenen in die niedlichen Wollknäuel und hegten und pflegten sie, bis sie zu stattlichen Jungwölfen herangewachsen waren.

Die Treue eines Hundes ist ein kostbares Geschenk, das nicht minder bindende moralische Verpflichtungen auferlegt, als die Freundschaft eines Menschen. Der Bund mit einem treuen Hunde ist so „ewig" wie Bindungen zwischen Lebewesen dieser Erde überhaupt sein können.

Konrad Lorenz aus „So kam der Mensch auf den Hund".

Die unnachahmlich guten jagdlichen Fähigkeiten waren es vermutlich, die die Frühmenschen an ihren neuen Weggenossen am meisten schätzten und die schließlich
dazu führten, dass sie die Vierbeiner sogar mit auf ihre gemeinsamen Beutezüge
nahmen. Bis planmäßige Verpaarungen vorgenommen wurden und die zahlreichen
Haushundrassen entstehen konnten, war es freilich noch ein weiter Weg. Doch
mit dem Interesse an den herausragenden Leistungen ihrer wilden Ahnen wurde der
Grundstein dafür gelegt, dass uns heute so beeindruckende und charmante Begleiter
wie die Retriever als verlässliche Helfer zur Seite stehen. Zu echten Sozialpartnern
sind sie avanciert, unsere anhänglichen Lieblinge mit dem großen „will to please".
Trotzdem standen auch bei ihrer Entwicklung die jagdlichen Anlagen im Vordergrund
der gegenseitigen Beziehung – besonders ihre unübertroffenen Apportierbegabun-
gen. Schon ihr gemeinsamer Urahn, der St.-John's-Hund, brillierte durch meister-
haftes Apportierverhalten. Das war vor rund fünfhundert Jahren.

So geschehen — VOR DER HALBINSEL AVALON ...

... zu der Zeit also, als John Cabot, der italienische Seefahrer in englischen Diensten,

die Ostküste Neufundlands sichtete und damit Kanada neuerlich „entdeckte". An der

öden, nebelverhangenen feuchtkalten Stelle, an der er festmachen ließ (und die er,

nach dem Tagesheiligen, St. John's nannte), lag auch die Geburtsstätte dieses robus-

ten, genügsamen und überaus anpassungsfähigen und gutartigen Hundes, der ein-

mal Geschichte machen sollte.

Die Kunde Cabots, dort könne man Fische mit Körben aus dem Wasser schöpfen,

eilte wie ein Lauffeuer durch die Lande und rief bald Seefahrer aus ganz Westeuropa

auf den Plan. Unter ihnen die „Männer aus Devon", unerschrockene, raubeinige,

geschickte Gesellen mit wettergegerbten Gesichtern, großen zerschundenen

Händen, die Nägel braun verfärbt – die künftigen Züchter der St.-John's-Hunde. An

Entbehrungen gewöhnt, hausten sie in armseligen, auf Stelzen im Wasser gebauten

Hütten, mit Möbeln aus Treibholz und Kommoden mit aufgemalten Schubladen.

Täglich fuhren sie mit kleinen Plankenbooten hinaus, um im küstennahen Wasser

ihre Netze auszuwerfen. Ständige Begleiter waren ihre Hunde, die sie immer wieder

in die eisige, aufgewühlte See schickten, damit sie Taue einholen und versprengte

Fische apportieren konnten. Denn: Die Fischer waren nicht allein gekommen.

Aus ihrer Heimat Devon, der sagenumwobenen, teils trostlosen, teils wildromanti-
schen Grafschaft im Süden Englands, hatten sie mehrere schwimmfreudige Hunde
mitgebracht – als wassergängige Hilfsmannschaft vielleicht, möglicherweise aber
auch als geplante Abwechslung auf ihrem Speiseplan; wir wissen es nicht. Fest steht
jedenfalls, dass ihnen einige dieser umgänglichen Tiere bei der harten Arbeit vor der
Küste so gute Dienste erwiesen, dass reichlich Nachkommen gefördert und letztlich
sogar die jeweils Tüchtigsten unter ihnen ganz bewusst miteinander verpaart wurden.
Damit schufen die „Männer aus Devon" einen echten „neufundländischen Hund",
den sie St. John's Dog tauften.

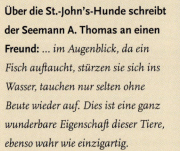

**Über die St.-John's-Hunde schreibt
der Seemann A. Thomas an einen
Freund:** *... im Augenblick, da ein
Fisch auftaucht, stürzen sie sich ins
Wasser, tauchen nur selten ohne
Beute wieder auf. Dies ist eine ganz
wunderbare Eigenschaft dieser Tiere,
ebenso wahr wie einzigartig.*

DER ST.-JOHN'S-HUND— APPORTIERER MIT GANZER SEELE

Mit nicht enden wollender Ausdauer, ansteckender Begeisterung und ehrgeizigem Eifer waren die gelehrigen Vierbeiner bei der Sache – ein Erbe, das tief verwurzelt in unseren Retrievern noch heute lebendig ist. Kein Wunder, dass solche Hunde sehr begehrt waren. Bald wurde die Nachfrage im Mutterland so groß, dass neben den gewaltigen Ladungen Kabeljau stets auch einige „Kleine Neufundländer" (so wurden die St.-John's-Hunde ebenfalls genannt) an Bord der Schiffe aus Avalon waren.

Colonel Peter Hawker, der um 1820 als erster ein schriftliches Dokument über den St.-John's-Hund verfasste, schrieb: *Für das Auffinden von krankgeschossenem Wild jeder Art gibt es keinen Besseren in der ganzen Hundewelt.*

Man riss sich die Tiere am Kai förmlich aus den Händen. Das war in Poole, einer blühenden Handelsmetropole in der südenglischen Grafschaft Dorset, nicht anders als im schottischen Greenock an der Südküste des Firth of Clyde. Vor allem die reichen Großgrundbesitzer mit ihren riesigen Jagden griffen für einen St.-John's-Hund tief in die Tasche. Schließlich wollte jeder nur eines: den besten Jagdbegleiter besitzen, den man überhaupt bekommen konnte. Die Fischer jubelten.

IM LAND DES EWIGEN WINDES

Das Aufeinandertreffen kalter und warmer Meeresströmungen, das die Entstehung unvorstellbar großer Planktonmengen und damit gigantischer Fischschwärme vor Neufundland bewirkte, zog auch die Ankunft riesiger Vogelschwärme nach sich. Ebenfalls eine lukrative, aber auch überlebenswichtige Jagdbeute für die fahrenden Händler, die sich allmählich auf ihrem schroffen Atlantikfelsen mit dem neblig feuchten Klima sesshaft zu machen begannen. Für ihre Hunde galt es nunmehr, ihr Können an die neuen Anforderungen anzupassen. Und wie nicht anders zu erwarten, meisterten die findigen St.-John's-Hunde dies bravourös.

St. John's ist beileibe kein Platz, der jemals Liebeserklärungen erhalten hätte. Ganz anders sieht es hingegen mit den gleichnamigen Hunden aus – sie wurden mit Zuneigungsbeweisen geradezu überhäuft, denn ihre jagdlichen Leistungen waren wirklich beispiellos.

Die Besatzung kann ihren Kutter im Hafen nicht wiederfinden, so dicht sind heute die Nebelbänke. Die zerklüftete Steilküste, die sumpfige Tundra, ganz Avalon liegt unter einer düsteren Wolkenschicht begraben wie unter einer schweren nassen Last. Die Feuchte ist unangenehm zu spüren – kalt kriecht sie durch die Kleidung und lässt einen frösteln. Tiefe Stille herrscht. Die klangvoll gurgelnden Laute der Kormorane sind verstummt, selbst die Eissturmvögel haben ihre schnarrenden Ruftiraden eingestellt. Nur das leise schnaubende Tuckern eines Bootes ist zu hören, das sich vorsichtig durch die weißen Schwaden an einen der Außenhäfen herantastet.
Wind kommt auf. Es dauert nicht lange, und die Nebelschleier lichten sich zaghaft, geben den Blick frei auf den tanzenden Reigen aus kurzstängeligen blassblauen Lupinen, die hier auf der spärlichen Erdkrume zu wachsen versuchen. Die Luft wird klarer, das Atmen fällt leichter.

Geduldig abwarten können, ist eine Tugend der Retriever – ohne **steadiness**

kein gemeinsamer Jagderfolg.

Dann – ein gedämpftes metallisches Klicken. Ein Schuss zerreißt die Stille: Aus der geordneten Formation am Horizont löst sich eine dunkle Silhouette, heftig trudelnd stürzt der getroffene Entenvogel vom Himmel. Scheinbar regungslos verharrt der schwarze Hund an der Seite des Schützen. Doch der Schein trügt – seine Muskeln sind aufs Äußerste gespannt, seine Sinne hellwach, die Augen unverwandt auf den abstürzenden Vogel gerichtet. Mit dumpfem Klatschen trifft der leblose Körper auf der Wasseroberfläche auf. Sofort strafft sich die Gestalt des Hundes. Ein leichtes Zucken huscht über seine Schultern. Die Hinterhand beginnt erregt zu zittern. Nur schwebend kann er sich noch auf der Stelle halten. Mühsam schafft er es, gehorsam an seinem Platz zu bleiben. Endlich das erlösende Kommando: „Apport!"

Pfeilschnell schießt der schwarze Hund auf das Ufer zu – den im Wasser treibenden Vogel lässt er dabei keinen Moment aus den Augen. Ein eleganter Sprung und er landet im eiskalten Nass. Genauso kraftvoll wie an Land bewegt er sich auch in der bleigrauen, aufgepeitschten See: Den Rücken knapp unter, Schulter und Kopf dicht über der Wasserlinie, so gleitet er mühelos dahin, schnurgerade auf den Vogel zu. Nur noch wenige Meter bis zur Jagdbeute. Er öffnet das Maul – zielgenau und verblüffend behutsam nimmt er die tote Ente zwischen seine kräftigen Kiefer. Mit einem ausgreifenden Zug wendet er und schwimmt direkt zurück zum Land, den Kopf nun etwas weiter aus dem Wasser herausgereckt. Die schwere Beute hindert ihn sonst daran, zügig voranzukommen. Dennoch kostet das Kraft. Mit deutlich hörbarem Schnauben und weit aufgestellten Nasenflügeln erreicht er den Rand des Gewässers.

Die Flugbahn des abstürzenden Vogels genau beobachten und seine Fallstelle gut im Gedächtnis behalten: das typische **marking** *der Retriever.*

Ruhig schweift sein Blick über die Uferfront. Zwei starke Schläge mit der muskulösen Rute, ein strammes Paddeln und die günstigste Ausstiegsstelle ist angesteuert. An einer flachen Kuhle erklimmt er geschickt die glitschigen Steinbrocken, stemmt die Vorderbeine in den schlammigen Untergrund und zwängt sich mit seiner sperrigen Fracht unbeirrt durch das scharfkantige, ginsterdurchwachsene Buschwerk. Stechend salziges Wasser rinnt über seine Augen – dazu der schneidende Wind. Zahllose glitzernde Wasserschnüre triefen aus seinem dichten Fell. Doch dies alles kümmert ihn nicht. Der schwarze Hund hat nur eines im Sinn: „Zurück zum Herrn, die Trophäe abliefern."

Ihre extreme Wasserfreude und der unerschöpfliche Arbeitseifer, gepaart mit ihrem Wunsch zu gefallen, dem viel zitierten „will to please", das waren die typischen Kennzeichen der Ahnen unserer Retriever. Wen überrascht es da noch, dass unsere heutigen apportierverrückten vierbeinigen Begleiter derart begeistern?

Wassermusik

RETRIEVER IN SECHS VARIATIONEN

Georg Friedrich Händels musikalisches Meisterwerk – ein würdiger Rahmen für Retriever im feucht-kühlen
Nass. Wasser ist ihr Element. Aber nicht nur im Wasser, auch an Land überzeugen diese faszinierenden Hunde
mit ihren vielseitigen Begabungen, ihrem routinierten Können und ihrem unwiderstehlichen Charme.

Labrador Retriever

Die Erben DER HUNDE VON AVALON

Nur rund ein Dutzend der wasserfreudigen, apportierbegabten St.-John's-Hunde waren es, die vor ungefähr zweihundertfünfzig Jahren die gesamte Labradorzucht begründeten – und zwar in den drei Zwingern der englischen und schottischen Adelsfamilien Malmesbury, Buccleuch und Home, wo man sie mit akribischer Sorgfalt reinzüchtete. Zunächst waren einzig Tiere mit schwarzer Fellfärbung begehrt – der Farbe der „Stammväter" aus Avalon. Erst viele Jahre später wurden auch die warmen Gelbtöne und schließlich das satte Schokoladenbraun populär. Durch vereinzelte Einkreuzungen anderer Hunderassen, unter anderem des Flat Coated Retriever, veränderte sich das Erscheinungsbild des Labradors im Laufe der Zeit nur geringfügig, sodass man dieser Retrieverrasse heute die engsten verwandtschaftlichen Beziehungen zu den Urahnen aus Neufundland nachsagt.

Geschätzt waren in erster Linie ihre überragenden jagdlichen Qualitäten, vor allem bei der Entenjagd am und im Wasser. Doch mehr und mehr faszinierte die Jäger der sensationelle Spürsinn und Finderwille dieser Hunde, etwa bei der Nachsuche auf Haarwild in dicht bewachsenem Gelände.

Man kann ihm alles beibringen, was ein Hund überhaupt zu lernen vermag. Er begreift die Ausbildungslektionen so leicht wie keine andere Hunderasse, ja er überschlägt sich geradezu vor Lerneifer.

Richard A. Wolters über den Labrador Retriever und seine Vorfahren.

Auch **Banchory Bolo**, eine der „schillerndsten" Hundepersönlichkeiten und ein bedeutender Zuchtrüde in der neueren Geschichte des Labrador, bewies sich als einzigartiger Jagdhelfer und Sportskamerad. Er, dem gar keine rosige Zukunft vorausgesagt worden war, errang als erster Labrador Retriever den selten vergebenen Titel „Dual Champion". Das heißt, dieser Hund war nicht nur wunderschön, er konnte auch überzeugend arbeiten, auf der Jagd ebenso wie auf jagdsportlichen Wettkämpfen, den damals in Mode gekommenen „retriever field trials". Es machte für **Bolo** keinen Unterschied, was es zu suchen und zu apportieren galt – geschossenes Federwild, Haarwild oder etwa Stöckchen. Er brachte alles, meisterhaft schnell, perfekt und ungemein ausdauernd. Und er liebte sein Frauchen Lorna Countess Howe – sicherlich ist es nicht übertrieben zu sagen: – abgöttisch. Lady Howe nämlich wusste, wie man mit Labrador Retrievern umgeht, wie man ihre uneingeschränkte Liebe für immer gewinnen und den unglaublichen Reichtum ihrer Seele ans Tageslicht bringen kann, wie man mit ihnen arbeitet und ihre Talente fördert. Nicht mit harten Methoden, brutal und ungerecht (so, wie es **Bolos** zahlreiche Vorbesitzer versucht hatten), sondern einfach nur freundlich und sehr konsequent – mit vollem Vertrauen auf ihre umwerfende Anpassungsfähigkeit und Lernfreude und auf ihren „will to please", den man sich herzerwärmender kaum vorstellen kann.

Die „Dickfelligen" MIT DEM „GROSSEN HERZEN"

Vielleicht hatten die Vorbesitzer **Bolos** allesamt die Wesens- und Charakterbeschreibungen dieser Retrieverrasse falsch interpretiert. Denn Labis, wie Labrador Retriever liebevoll genannt werden, gelten zu Recht als die Retriever mit der unübertroffenen stoischen Ruhe und der zudringlichen, fast schon ungezügelten Liebenswürdigkeit gegenüber jedermann. Als überaus freundliche, gefällige Hunde also, die außergewöhnlich gelassen so manches Ungemach ertragen, selbst rohe Behandlungen geduldig hinnehmen, sogar von Fremden; die auch aufdringlich herzende Prozeduren ohne Murren über sich ergehen lassen und dem Ansturm unsanft kraulender Kleinkinderhändchen stundenlang seelenruhig trotzen ...

Tatsächlich bringt diese sanftmütigen Vierbeiner so schnell nichts aus der Ruhe, ihre Fassung verlieren sie so gut wie nie, ihre Beherrschung scheint wahrhaft grenzenlos. Trotzdem: Unter dem dichten, wasserabstoßenden Haarkleid mit der bauschigen Unterwolle und den zuweilen stattlichen Körperausmaßen verbirgt sich ein zarter, äußerst feinfühliger und unerwartet leicht verwundbarer Kern – dessen stumme Kunde „das ist ungemütlich zu fühlen", uns leider oft entgeht, sich nicht selten unserer Wahrnehmung gänzlich entzieht. Denn Labis sind keine Hunde, die lautstark protestieren, meutern, uns ihren Dienst versagen. Ihre unendliche Hingabe lässt sie ausharren bis zum bitteren Ende, lässt sie auch leiden – im Stillen.

Das war im Jahre 1865. Die vier Hündinnen, die am 4. September des folgenden Jahres auf seinem Gut in Schottland das Licht der Welt erblickten, wurden zu Stammmüttern, aus denen er durch sorgfältige Einkreuzung einiger anderer Rassen letztlich einen Hund entwickelte, der nicht nur beneidenswert schön war, sondern auch ausdauernd arbeiten und wittern konnte – an Land wie im Wasser übrigens, denn sein Haarkleid war Schmutz abweisend und wasserfest. Einen Hund, dem eine steile Karriere beschieden sein sollte, als Jagdgehilfe ebenso wie als Familienbegleiter und professioneller Helfer in den unterschiedlichsten Bereichen – weltweit.

Umwerfend schön UND ARBEITSFREUDIG

Anmutig, warmherzig und hingebungsvoll, so wirken Golden Retriever, die liebenswerten flauschigen Schönheiten mit den geschmeidigen Bewegungen, deren bezaubernder Ausstrahlung schon so mancher Zweibeiner hoffnungslos erlegen ist – und die ihn überdies glauben machen wollte, diese Hunde seien bloße Schönlinge, als Paradekissen fürs Sofa gedacht. Ein großer Irrtum, denn die meisten Golden Retriever sind mit Herz und Seele jagdsportlich ambitioniert. Vor allem Apportieren ist ihre große Leidenschaft. Selten, dass sie kein Bringsel zwischen ihren Kiefern präsentieren. Wenn sie sich freuen, uns eindringlich ihre Aufwartung machen: Ein Apportel ist immer dabei, ebenso ein überschwänglicher Rutentumult und die sehnsüchtig auffordernde Bitte: „Arbeite was mit mir!" Wen wundert's? Auch bei ihnen haben die St.-John's-Hunde ordentlich mitgemischt.

DES WILDHÜTERS PFAND

Eigentlich war *Nous* nur ein Pfand gewesen, für Schulden, die ein Wildhüter bei einem Schuhmacher in Brighton gemacht hatte und nicht mehr begleichen konnte. Als aber Sir Dudley Marjoribanks (der wenig später als Lord Tweedmouth und „Vater des Golden" bekannt wurde) von der Existenz und den Leistungen dieses Hundes erfuhr, bestand er darauf, ihn sofort zu kaufen.

Die Geburtsstunde

Schon bald nach der Ankunft der ersten „neufundländischen Hunde" in England und Schottland wurde durch Einkreuzung schwarzer Irischer Setter ein langhaariger, kräftig drahtiger Hundetyp erreicht, den man Wavy Coated Retriever nannte.

Er trat überwiegend mit tiefschwarzer Fellfärbung auf, gelegentlich fielen aber auch gelbe und braune Welpen. Wie der St.-John's-Hund, so war auch der Wavy Coated ausgesprochen wasserfreudig und hatte einen ausgeprägten Bringtrieb. Freilich gab es vor Ort noch weitere wasserbegeisterte, tatkräftige Hunde mit wetterbeständigem Haarkleid, den Tweed Water Spaniel etwa. So war es nur noch eine Frage der Zeit, bis schließlich beide Rassen zusammenfanden. Als zu guter Letzt *Nous*, der apportierfreudige dunkelgelbe Wavy-Coated-Rüde mit *Belle*, einer überaus freundlichen Water-Spaniel-Hündin, verpaart wurde, war sie gekommen: die Geburtsstunde des Golden.

Ein Hund im Haus hat etwas Verführerisches: Nur zu leicht ist ein Mensch geneigt zu vergessen, dass sein Hund immer und vor allem ein HUND ist.

Eric H.W. Aldington in:
„Über die Seele des Hundes".

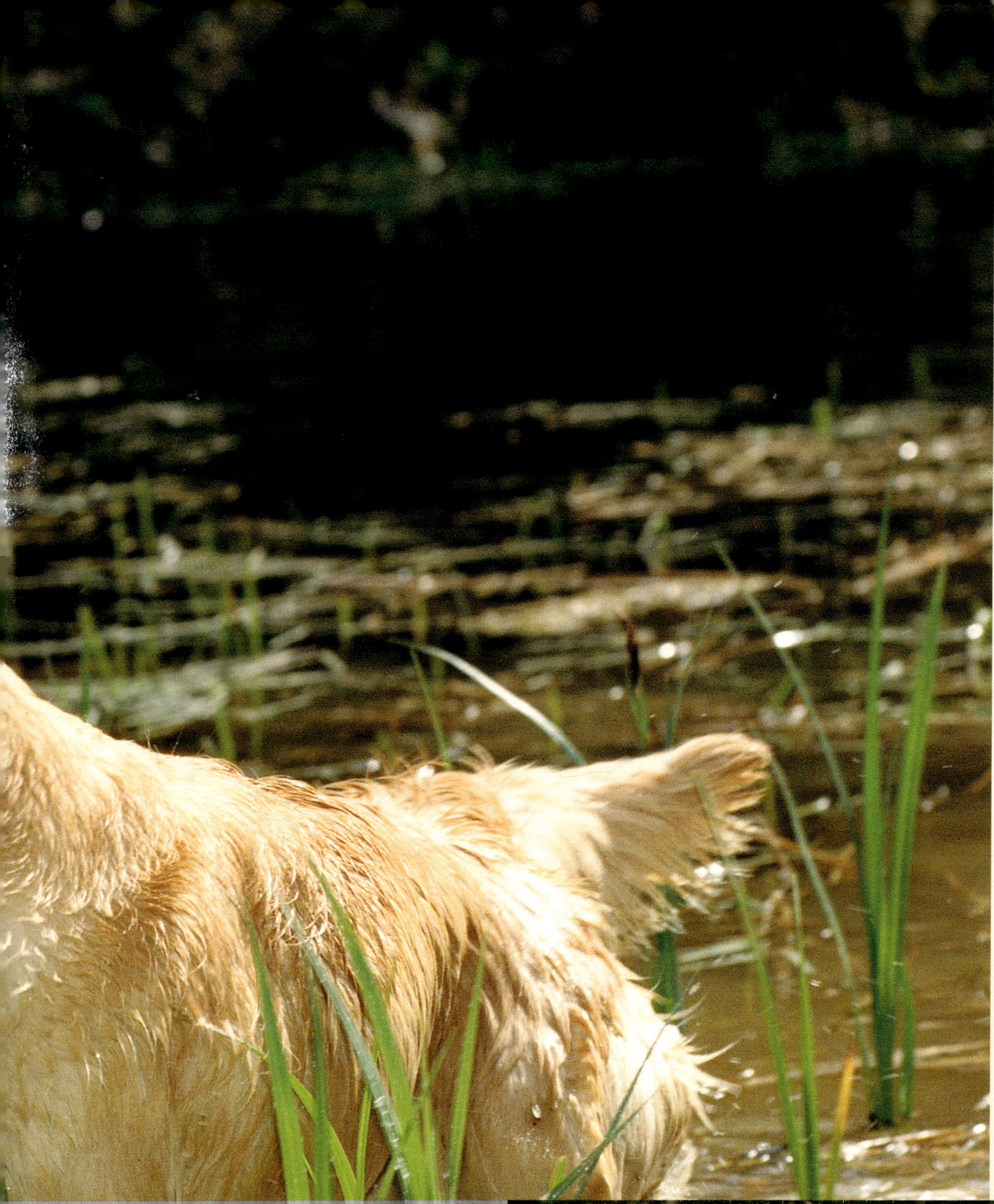

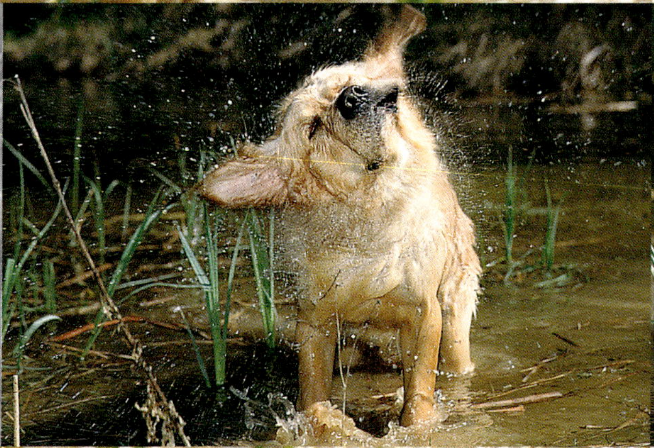

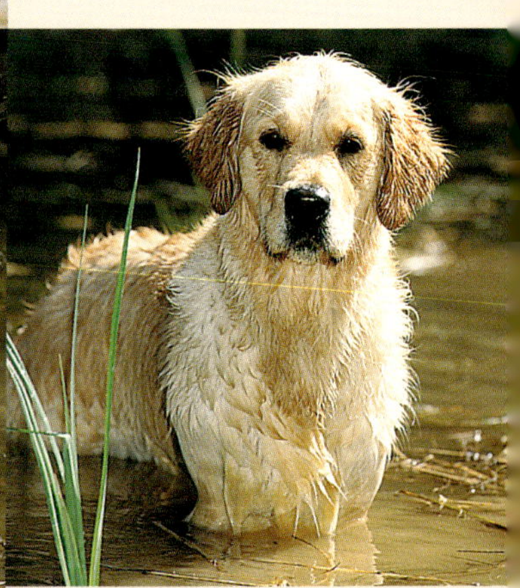

Golden Retriever

Gerade ihre kompakte Statur mag darüber hinaus den Eindruck erwecken, diese Vierbeiner hätten mit körperlicher Aktivität wenig im Sinn. Doch das krasse Gegenteil
ist der Fall: Labrador Retriever sind unerhört reaktionsschnell und beweglich, quellen
über vor Arbeitseifer, ja, bersten förmlich vor Temperament. Demzufolge verlangen
auch diese überwältigend duldsamen Hunde nach absolut fairer und angepasster
Behandlung, nach Freiraum, ausreichend Bewegung, abwechslungsreicher Beschäftigung und reichlich Kontakt zu Artgenossen, um ausgeglichen und glücklich zu sein.
Und es gibt zahllose überglückliche Labis auf dieser Welt, mit Sicherheit. Betrachten
wir nur einmal ihren Körper, wenn sie Menschen treffen, Menschen in Begleitung
von Kindern womöglich oder gar eines ihrer Rudelmitglieder. Kennen Sie nicht auch
ihre wirbelnde Werbung?

*Unwillkürlich stelle ich mich seitlich gegen den Heranstürmenden, in
Abwehrpositur, denn seine Scheinabsicht, mir zwischen die Füße zu stoßen
und mich zu Falle zu bringen, hat unfehlbare Täuschungskraft. Im letzten
Augenblick aber und dicht vor dem Anprall weiß er zu bremsen und ein-
zuschwenken, was sowohl für seine körperliche als seine geistige Selbstbeherr-
schung zeugt; und nun beginnt er, ohne Laut zu geben – denn er macht
einen sparsamen Gebrauch von seiner sonoren und ausdrucksfähigen
Stimme – einen wirren Begrüßungstanz um mich herum zu vollführen,
bestehend aus Trampeln, maßlosem Wedeln, das sich nicht auf das hierzu
bestimmte Ausdruckswerkzeug des Schwanzes beschränkt, sondern den
ganzen Hinterleib bis zu den Rippen in Mitleidenschaft zieht, ferner einem
ringelnden Sichzusammenziehen seines Körpers sowie schnellenden,
schleudernden Luftsprüngen nebst Drehungen um die eigene Achse ...*

So Thomas Mann über seinen Hund Bauschan.
Sollte dieser Vierbeiner etwa ein Labrador gewesen sein?

Wo du auch bist,

DA WILL ICH SEIN

Flat Coats brauchen unsere ständige Gegenwart – so scheint es zumindest – noch viel dringender als alle anderen Retrieverrassen. Diese springlebendigen, grazilen Vierbeiner mit dem gedankenvollen Blick sind an Anhänglichkeit wohl nicht zu überbieten. Überaus freundlich und entgegenkommend zu jedermann, ist es doch einzig und allein ihr eigenes Rudel, in das sie gänzlich vernarrt sind. Tagein, tagaus an ihres angebeteten Menschen Seite wandeln, das ist es wahrscheinlich, wovon sie heimlich träumen.

Zum Glück haben bereits Flat-Coated-Welpen etwas wunderbar Verführerisches an sich, etwas knuddelig Putziges, das nicht nur ihre eigenen Besitzer, sondern selbst wildfremde erwachsene Menschen dazu anregt, stundenlang auf allen vieren zu robben. Es scheint fast, die kleinen Racker wüssten von dieser anziehenden, verzaubernden Aura, denn sie nehmen die ihnen entgegengebrachte Bewunderung, samt Streicheleinheiten, mit einem Liebreiz entgegen, der seinesgleichen sucht.

Ich schaue gern zu, wenn Menschen einen Welpen begrüßen.
Man sieht sofort, ob es Hundefreunde sind oder nicht.

Rien Poortvliet

Flat Coated Retriever

Wie der Labrador so ist auch der Golden Retriever ein extrem vielseitiger Hund, mit bewundernswertem Leistungsvermögen auf dem Gebiet des Rettungshundewesens, im Dienst als Blindenführ-, Behindertenbegleit- und Therapiehund, als Drogenspür- oder zum Beispiel Sprengstoffsuchhund. Aber wie jener braucht auch er genügend rassegerechte Ausgleichsbeschäftigungen und die richtige Ansprache. Denn in dieser einzigartigen Beziehung, die man sich erfüllender kaum vorstellen kann, ist der Mensch nicht selten geneigt, den falschen Ton zu wählen – und dies in zweifacher Weise: Der Golden Retriever ist nicht nur ein Kuscheltier. Dieser Hund, so teddy- bärengleich er auch aussehen mag, ist und bleibt ein äußerst arbeitsbeflissener, empfindsamer Vierbeiner mit definierten Ansprüchen an seine Besitzer und mit zahl- reichen hundlichen Bedürfnissen, die diese täglich aufs Neue befriedigen müssen. Dieser begehrenswerte Retriever, der durch sein umgängliches Wesen, seine Zuverlässigkeit und rührende Hingabe besticht, ist aber genauso wenig ein pures Arbeits- oder Sportgerät, das unangepasst behandelt oder gar mit rigiden Methoden ausgebildet werden darf.

Golden Retriever besaßen immer schon Schönheit und Arbeitstalente, ihre zahlreichen Dual-Champion- Titel beweisen es.

Obgleich der Golden für ein „trautes" Zusammensein mit seinem zweibeinigen

Rudel einiges an Negativerfahrungen auszuhalten bereit ist, sind doch seine über-

strömende Geduld und hochachtungsvoll-ehrfürchtigen „Dankesbezeugungen" nicht

uferlos, können es nicht sein. Gewaltfreier Umgang und faires Training bewähren

sich daher – nicht nur bei diesem Hund – um Längen besser.

EIN GOLDSTÜCK, DIESER RETRIEVER

Tief dunkelgold gefärbt, so liebte man die apportierfreudigen Vierbeiner in ihrer Ent-

stehungszeit. Allmählich jedoch setzten sich immer hellere, auch Cremefärbungen

durch, besonders bei Retrievern, die als reine Familienhunde gehalten wurden.

Heute ist das wundervoll schimmernde Kupferrot nahezu vollständig aus den Golden-

Linien verschwunden. Dafür strahlen die Goldis jetzt häufig in makellosem Weiß.

Mit lackschwarzem Nasenschwamm, ein fast ebenso verführerischer Anblick.

SPRÜHENDER ARBEITSEIFER — IHRE QUALITÄT

Die Erziehung und Ausbildung dieser Retriever gelingt meist recht leicht, denn auch ihr „will to please" ist überwältigend, ebenso ihr Unternehmungsgeist und ihre Auffassungsgabe. Es ist eine echte Augenweide, diese flinken Hunde bei der Arbeit zu sehen: wenn sie mit überschäumender Begeisterung ans Werk gehen, jede noch so kleine Regung ihres Menschen sofort wahrnehmen und prompt darauf reagieren. Doch Flat Coated Retriever besitzen nicht nur ein ungeheures Temperament und einen unbändigen Arbeitseifer, sie sind darüber hinaus äußerst zartfühlend und empfindsam. Ein Zuviel an Ansporn oder Tempo kann daher auch schaden. Hektik könnte sich ausbreiten und diese Hunde weniger präzise lenkbar machen. Ein sachtes, ruhiges Händchen ist also schon nötig, um diese graziösen Wesen richtig zu handeln.

Trotzdem sind Flat Coats hart im Nehmen, so wie es sich für richtige Retriever gehört. Und das ist nicht weiter erstaunlich, denn auch ihr Hauptarbeitsfeld in früheren Jahren war der jagdliche Einsatz. Dort aber wären Sensibelchen nicht brauchbar gewesen. Nur äußerst widerstandsfähige, wenig krankheitsanfällige, leistungsstarke Hunde konnten sich im rauen, kräftezehrenden Jagdalltag bewähren, zum Beispiel die Flat Coated Retriever.

ELEGANZ UND VIELSEITIGKEIT

Ihr zauberhaftes, seidig glänzendes Langhaarkleid ließe vielleicht anderes erwarten, doch es ist absolut wetterbeständig, schützend und dazu noch Schmutz abweisend. Ideal, um draußen zu arbeiten – nicht nur auf der Jagd und beim Dummytraining, auch auf dem Rettungshunde-Übungsgelände, dem Agilityparcours oder bei der Suche nach Drogen- und Sprengstoffverstecken. Neben ihrer herausragend leistungsstarken Nase und dem ausgeprägten Finder- und Apportierwillen besitzen Flat Coats nämlich noch andere bedeutende Eigenschaften, für freizeitsportliche Aktivitäten etwa. Flats sind weitaus zierlicher als die anderen Retriever gleicher Größe und damit ungeheuer wendig und schnell – wie geschaffen als Freizeitpartner neben Fahrrad und Pferd oder als Teamgefährte beim Agilitysport. Für ihre geliebten Menschen sind Flat Coated Retriever ohnehin stets gewillt, jedwede Aufgabe zu übernehmen. Hauptsache nur, sie können währenddessen möglichst immer mit ihnen zusammen sein.

Der Wunsch nach einem eleganten Hund mit einem langen,
dunklen und seidenweichen Haarkleid, der zudem alle
Vorzüge eines perfekten Apportierers zeigen sollte, bestimmte
die Züchtung des Flat Coated Retrievers.

Ein schwarzer „Wavy"

Sein langes, glattes Haarkleid hat der Flat von seinem Ahnen, dem Wavy Coated

Retriever. Seine leichtfüßige Eleganz wohl kaum. Dafür sind mit ziemlicher Sicherheit

collieartige Hunde verantwortlich, die bei der Entstehung des Flat Coated gleichfalls

mitgewirkt haben. Als Begründer der Rasse gilt Mr. Sewallis Evelyn Shirley von

Ettington Park, der im ausgehenden 19. Jahrhundert darum bemüht war, aus dem

schwarzen Wavy Coated Retriever einen feingliedrigeren Typus herauszuzüchten.

Ein anderer führender Züchter war Colin Wells, der Jagdaufseher des Herzogs von

Rutland, der sich insbesondere nach dem Ende des zweiten Weltkrieges dieses

Hundetypps annahm. Wells züchtete zahlreiche atemberaubend schöne und gleich-

zeitig traumhaft leistungsfähige Flat Coated Retriever und hat damit Wesen und

Erscheinungsbild dieser Retrieverrasse maßgeblich beeinflusst.

Ein weiteres Erbe des Wavy Coated Retriever bzw. des
St. -John's-Hundes – die Farbvariation – schlägt auch
bei den Flat Coats immer wieder durch. Denn nicht nur
in glänzendem Schwarz sind die Hunde zu bewundern,
sondern auch mit kaffeebrauner Fellfärbung und manchmal sogar in Gelb. Flat Coats mit gelbem Fell werden
allerdings nicht offiziell anerkannt und sind somit nicht
zur Zucht zugelassen.

Curly Coated Retriever

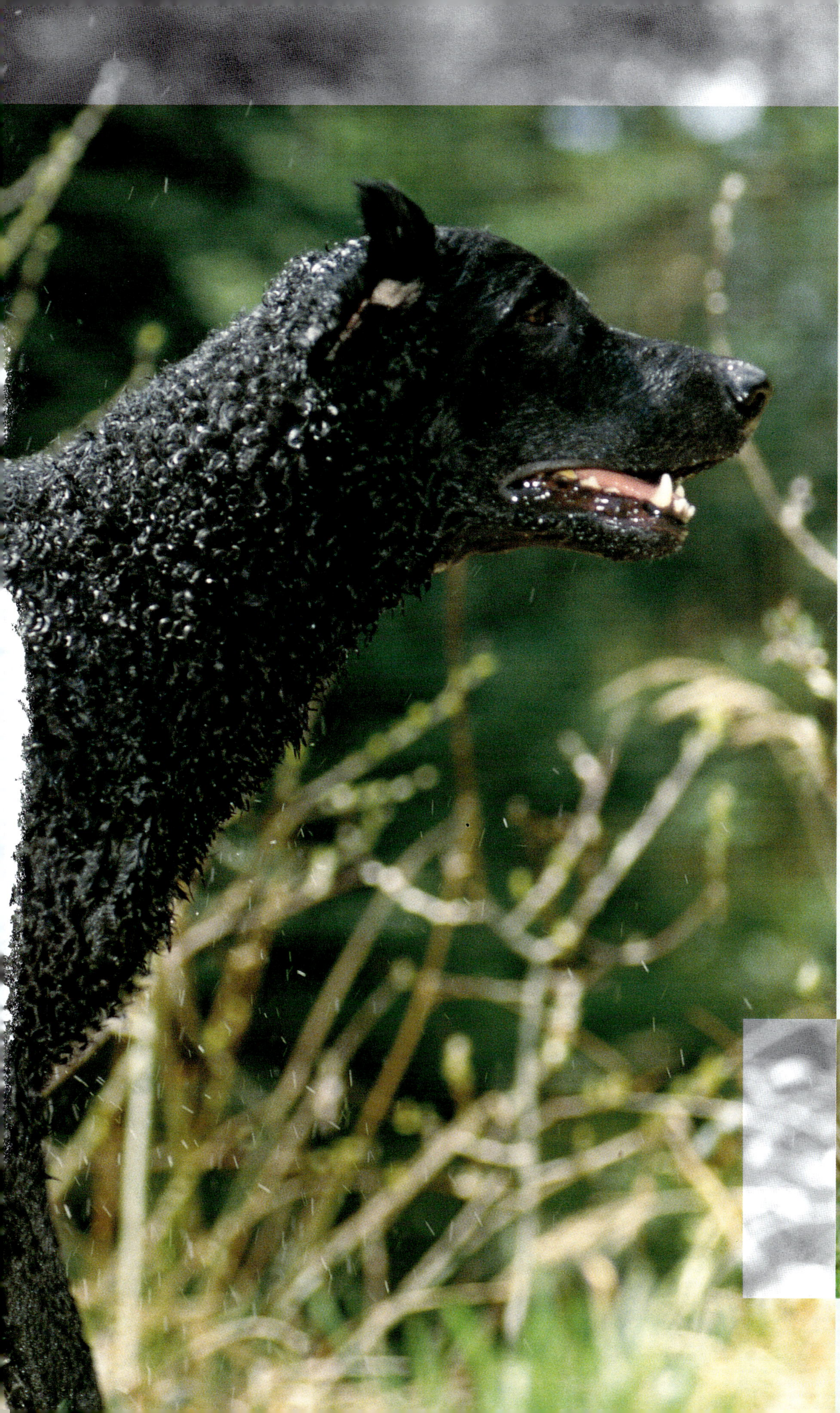

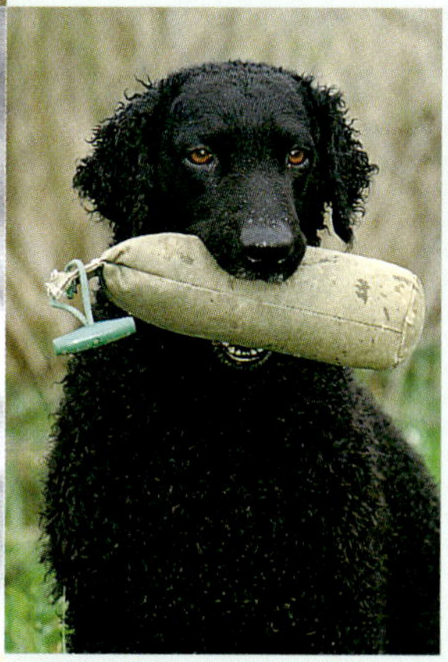

Eine außergewöhnliche ERSCHEINUNG

Groß, hochbeinig, ein harmonischer, äußerst muskulöser Körperbau, zahllose dichte und kleine, eng am Körper anliegende Locken – das ist der Curly Coated Retriever, rein äußerlich zumindest. Doch den Curly macht noch viel mehr aus: sein einzigartiges Wesen.

Der Curly ist kein Hund, in den man sich wegen seines schmuseweichen Langhaarflausches verliebt. Auch sein hinreißendes Begrüßungsverhalten kann es nicht sein, was diesen Hund so unwiderstehlich macht. Denn anders als seine engsten Verwandten Labrador, Golden und Flat Coated Retriever wirft sich ein Curly nicht gleich jedem Bewunderer an den Hals. Nein, dieser Hund hält sich erst einmal zurück und prüft die Lage. Sieht er sich einem Menschen gegenüber, von dem er Streicheleinheiten entgegenzunehmen geneigt ist, dann allerdings zeigt er es auch unmissverständlich. An Anschmiegsamkeit ist er dann so schnell nicht zu überbieten.

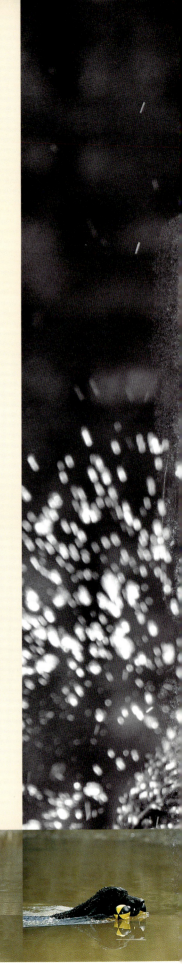

Wenn das Wasser schäumt und gurgelt, kennt seine Begeisterung keine Grenzen ...

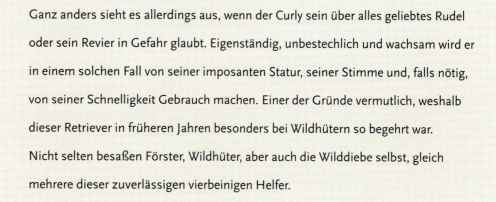

Ganz anders sieht es allerdings aus, wenn der Curly sein über alles geliebtes Rudel oder sein Revier in Gefahr glaubt. Eigenständig, unbestechlich und wachsam wird er in einem solchen Fall von seiner imposanten Statur, seiner Stimme und, falls nötig, von seiner Schnelligkeit Gebrauch machen. Einer der Gründe vermutlich, weshalb dieser Retriever in früheren Jahren besonders bei Wildhütern so begehrt war. Nicht selten besaßen Förster, Wildhüter, aber auch die Wilddiebe selbst, gleich mehrere dieser zuverlässigen vierbeinigen Helfer.

EIGENWILLIGKEIT — NUR EINES SEINER PRÄDIKATE

Dennoch: Dieser Hund hat seinen eigenen Kopf und sicher auch eigene Vorstellungen von Erziehung und Ausbildung. Viel Fingerspitzengefühl und Konsequenz gehören dazu, ihn zu dauerhaft gutem Gehorsam und perfekten Unterordnungsleistungen zu bringen. Kadavergehorsam darf man von einem Curly nicht erwarten. Viel eher heißt es, auf die innige Bindung und Zuneigung zu setzen, die dieser zuweilen recht eigensinnige Retriever seinen Rudelmitgliedern gegenüber entwickelt. Denn diese Attribute werden es sein, weswegen er sich schließlich überhaupt leiten lässt und Anweisungen zufriedenstellend befolgt. Wie alle Retriever möchte nämlich auch ein Curly seinen Menschen gefallen. Doch er reagiert zweifellos nicht aus Unterwürfigkeit.

Wird er gefühlvoll, fair, aber doch mit dem nötigen Nachdruck angeleitet, bewährt

sich dieser faszinierende Familienhund auch ausgezeichnet als Blindenführ-, Behin-

dertenbegleit- und Therapiehund, ebenso als Rettungshund. Mit dem St.-John's-

Hund in der Ahnenreihe ist es selbstverständlich auch kein Wunder, wenn gerade

seine jagdlichen Qualitäten bemerkenswert sind. Beste Leistungen zeigt der Curly

nicht nur bei der Entenjagd und der stundenlangen Apportierarbeit in kalten,

sumpfigen Gewässern, sondern zum Beispiel auch bei der Jagd auf Haarwild. Sein

ausgeprägter und unermüdlicher Finder- und Bringwille prädestiniert diesen

belastbaren und ausdauernden Hund geradezu für die Arbeit „nach dem Schuss".

Forsch geht er ans Werk und arbeitet so lange, bis er das Stück gefunden hat.

Und wenn er dann seine Beute zum Schützen bringt, ist er schon ein bisschen stolz

auf die geleistete Arbeit. Man sieht es ihm an. Ein Curly kann seine Stimmungen

nicht verbergen.

Zum typischen Haarkleid des Curly Coated ein gutes Stück beigetragen haben auch die Pudel, Irish Water Spaniels und Old Englisch Waterdogs mit ihren dichten lockigen Schöpfen.

Rarität
MIT UNENDLICHER GEFOLGSSCHAFTSTREUE

Doch trotz seiner vielseitigen Fähigkeiten und des auffälligen Äußeren ist der Curly Coated Retriever ein seltener Anblick. Noch vor zweihundert Jahren war das ganz anders. Damals war er die beliebteste unter allen Retrieverrassen – bei den Förstern und Wildhütern Englands ebenso wie zum Beispiel bei den Viehhaltern Australiens und Neuseelands, die Curlies sogar zum Treiben von Rindern und Schafen einsetzten. An Popularität verlor er erst, vornehmlich in Großbritannien, als ihn die drei anderen britischen Retrieverrassen in den „field trails" überflügelten. Curlies waren eben immer schon eigenständiger und nicht so leicht zu dirigieren. Zudem brauchen diese Hunde für ihre psychische Ausreifung und damit Verhaltensentwicklung beträchtlich länger als Labrador, Golden und Flat. So viel Zeit wollten die Triallisten wohl nicht investieren. Schade, denn der apportierfreudige lockhaarige Vierbeiner hätte es verdient, dass man sich für ihn interessiert.

Chesapeake Bay Retriever

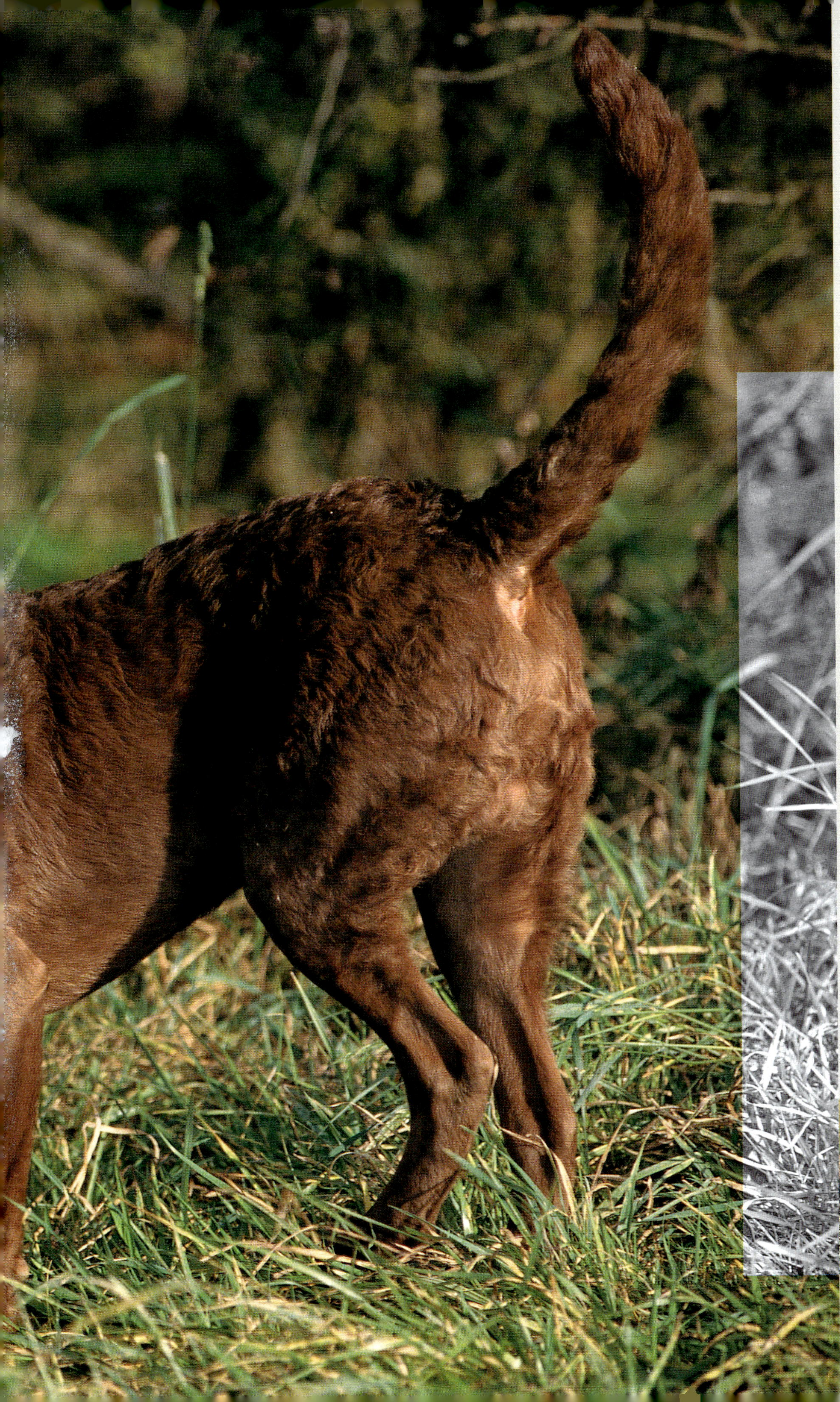

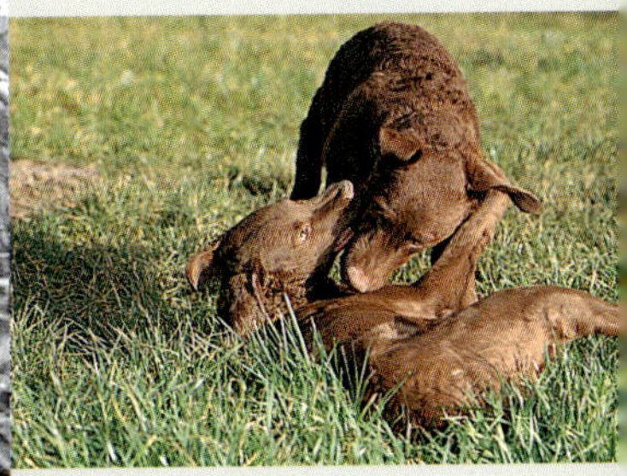

Der Amerikaner

Als kräftig, robust, selbstbewusst und extrem ausdauernd beweisen sich Chessies,

die einzigen „Amerikaner" unter den Retrievern. Ihre Geschichte begann im Jahre

1807, als ein britisches Handelsschiff auf seinem Weg von Neufundland nach Poole

während eines heftigen Unwetters im Atlantik Schiffbruch erlitt. Ein amerikanischer

Segler, der rechtzeitig zur Stelle war, rettete die Besatzung

und mit ihr zwei St.-John's-Hunde – einen rötlich braunen

Rüden und eine schwarze Hündin.

In Norfolk (Virginia) beziehungsweise Maryland, an der

Chesapeake-Bucht, setzte man *Canton* und *Sailer* – so

hießen die beiden – schon bald zur Jagd auf Wasserwild

ein. Die Hunde waren ausgezeichnete Jagdhelfer, vor allem

Canton war nahezu unschlagbar. Angeschossene Enten-

vögel soll sie meilenweit ins offene Meer hinaus verfolgt

haben, um sie schließlich unversehrt zu ihrem Besitzer

an Land zu bringen – auch bei widrigsten Bedingungen,

durch Eisschollen, dichten Nebel und in der Dunkelheit.

Die Retriever apportieren alles, „was sich nicht wehrt", auch und
gerade aus dem Wasser ... Mit ihnen geht kaum eine geflügelte Ente verloren.
Was der Retriever nicht findet, das ist nicht zu finden.

Bernd Krewer

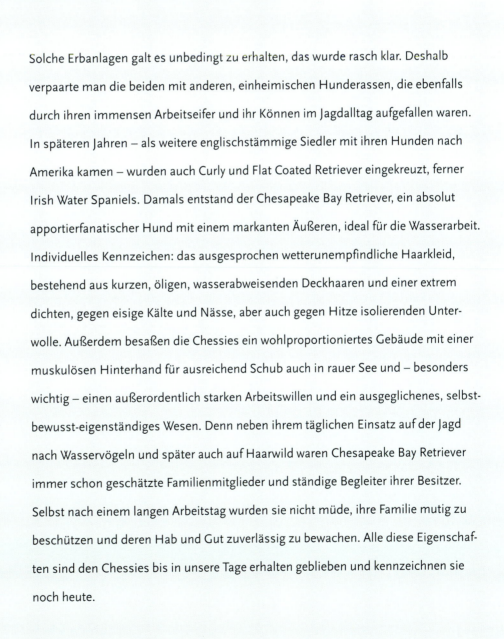

Solche Erbanlagen galt es unbedingt zu erhalten, das wurde rasch klar. Deshalb verpaarte man die beiden mit anderen, einheimischen Hunderassen, die ebenfalls durch ihren immensen Arbeitseifer und ihr Können im Jagdalltag aufgefallen waren. In späteren Jahren – als weitere englischstämmige Siedler mit ihren Hunden nach Amerika kamen – wurden auch Curly und Flat Coated Retriever eingekreuzt, ferner Irish Water Spaniels. Damals entstand der Chesapeake Bay Retriever, ein absolut apportierfanatischer Hund mit einem markanten Äußeren, ideal für die Wasserarbeit. Individuelles Kennzeichen: das ausgesprochen wetterunempfindliche Haarkleid, bestehend aus kurzen, öligen, wasserabweisenden Deckhaaren und einer extrem dichten, gegen eisige Kälte und Nässe, aber auch gegen Hitze isolierenden Unterwolle. Außerdem besaßen die Chessies ein wohlproportioniertes Gebäude mit einer muskulösen Hinterhand für ausreichend Schub auch in rauer See und – besonders wichtig – einen außerordentlich starken Arbeitswillen und ein ausgeglichenes, selbstbewusst-eigenständiges Wesen. Denn neben ihrem täglichen Einsatz auf der Jagd nach Wasservögeln und später auch auf Haarwild waren Chesapeake Bay Retriever immer schon geschätzte Familienmitglieder und ständige Begleiter ihrer Besitzer. Selbst nach einem langen Arbeitstag wurden sie nicht müde, ihre Familie mutig zu beschützen und deren Hab und Gut zuverlässig zu bewachen. Alle diese Eigenschaften sind den Chessies bis in unsere Tage erhalten geblieben und kennzeichnen sie noch heute.

ZUWEILEN HÖLLISCH HALSSTARRIG

Wie der Curly, so ist auch der Chesapeake Bay Retriever eine sehr selbstständige und bisweilen ziemlich eigensinnige Persönlichkeit, deren Behandlung schon etwas Hundeverstand erfordert. Trotz der ausgeprägten Personenbindung dieses Retrievers sollte sich ein Chessiehalter auf gelegentliche Dominanzbestrebungen seines Hundes einstellen. Doch mit frühzeitigen, wohldurchdachten Übungen und vielseitigen Umwelterfahrungen „von Kindesbeinen an" lässt sich das Verhalten in die gewünschten Bahnen lenken, sodass sich auch dieser Retriever schließlich und endlich zu einem treuen Kameraden entwickelt, auf den jederzeit uneingeschränkt Verlass ist. Auch sein natürlicher Schutztrieb sollte niemals gefördert werden. Dann nämlich wird der Chessie selbst im Erwachsenenalter auf Fremde stets freundlich distanziert reagieren, so wie es für diese Retrieverrasse üblich ist.

EIN BEMERKENSWERTER HUND MIT VIELSEITIGEN TALENTEN

Seine ausgezeichnete Nase macht ihn zum geborenen Fährtensucher. Seinem guten Geruchsunterscheidungsvermögen und seiner Arbeitsbegeisterung verdankt er seine große Verbreitung als Drogenspür- und Sprengstoffsuchhund, ebenso als Rettungshund – hauptsächlich in den USA, wo der Chesapeake Bay Retriever stark verbreitet ist. Dort ist er einer der bekanntesten Retrieverschläge. Anders in Europa: Hier ist der Chessie nur selten zu sehen, leider. Denn sein Arbeitswille, seine Ausdauer und Apportierfreude sind wirklich eindrucksvoll. Er ist ein wunderbarer Begleiter für durchsetzungsfähige, sportliche Menschen, die ihren Hund als eigenständiges Wesen anerkennen, ihm aber dennoch liebevoll-konsequent seine Grenzen abstecken können und die in der Lage sind, ihn körperlich und geistig auszulasten, bei Wind und Wetter, bei Regen und Sturm, täglich, ungefähr vierzehn Jahre lang.

Voller Tatendrang stöbert der Chessie das dichte Schilf ab auf der Suche nach dem getroffenen Entenvogel – und er wird ihn finden, dazu ist er geboren.

Nova Scotia
Duck Tolling Retriever

DIE ORANGE–ROTEN „Kanadier"

Überwältigende Apportierbegeisterung, beeindruckende Wasserfreude, enorme

Ausdauer und Gelehrigkeit – alles vorprogrammiert. Denn auch diese kleinen

energiegeladenen Retriever tragen die Gene des St.-John's-Hundes, ebenso die des

„wellhaarigen" Retrievers in Gestalt einer leberfarbenen Wavy-Coated-Hündin. So

behaupten die einen. Möglicherweise aber – so vermuten andere – liegt der Ursprung

dieser agilen und fleißigen Vierbeiner nicht in Neufundland, sondern direkt in Nova

Scotia, bei den dort heimischen rotbraunen Indianerhunden, die mit ähnlichen

Jagdtechniken aufwarteten, wie sie die Toller heutzutage noch zeigen: dem typischen

Tolling, einer Verhaltensweise, die einmalig ist unter den Retrievern. Der nieder-

ländische Kooikerhondje versteht sich ebenfalls bestens auf diese Jagdmethode.

Auch von ihm nimmt man an, dass er sich in der Ahnenlinie der Toller befindet.

Wie alle Retriever verbringt auch der Toller sein Leben am liebsten in der Gesellschaft seines zweibeinigen Rudels. Begeben sich seine Menschen nach draußen, womöglich noch in ein unbekanntes Terrain, dann ist der kleine geschmeidige Fellball auffällig darum bemüht, alle Gruppenmitglieder beisammen zu halten: ein uraltes Hütehund-Erbe, vermutlich von Verpaarungen mit Shelties.

ENTEN IN SCHUSSNÄHE LOCKEN — IHR SPEZIALGEBIET

Die Duck Tolling Retriever indes, die – das steht fest – in Neuschottland an der Ostküste Kanadas entstanden sind, kümmert dies, zugegeben, herzlich wenig. Sie locken begeistert Enten an, einerlei, wem sie dieses Können nun zu verdanken haben. Dabei stürmen sie unermüdlich am Ufer und im Schilfgürtel auf und ab, um Stöckchen, Bälle oder andere kleine Bringsel zu apportieren, die ihnen ihr Besitzer zuwirft. Die neugierigen Entenvögel werden nicht etwa abgeschreckt. Sie interessieren sich stattdessen leidenschaftlich für das muntere Treiben am Rand des Gewässers und kommen näher ...

Gespannt verfolgen sie, wie sich der vierbeinige Wirbelwind in der Uferzone zu schaffen macht: „Vorne tief, hinten hoch", der geduckte Vorderkörper wippt schaukelnd, die Rute wirbelt – was hat er da nur Interessantes am Erdboden entdeckt? Flugs taucht er im Dickicht unter, allein seine fröhlich wedelnde Rute lugt noch hervor. Im Nu kommt er mit einem Apportel im Fang wieder zum Vorschein, nur um erneut eilends in einer anderen Deckung zu verschwinden, dort nämlich, wo sein Besitzer auf ihn wartet. Das, versteht sich, dürfen die Enten nicht wissen!

Wie der quirlige Fellball für einen Moment regungslos vor dem Gebüsch verharrt, urplötzlich losprescht und mit einem zünftigen Hechtsprung einen kleinen Gegenstand im Flug erhascht, einen weiteren mit einem gekonnt-zielsicheren Mäuselsprung ergattert und beides zusammen fortschleppt, den buschigen Schweif selbstgewiss gen Himmel gerichtet – auch das beobachten die Wasservögel sehr aufmerksam und rücken noch ein Stückchen näher heran. Jetzt sind sie in Schussnähe.

Sofort tritt der Jäger aus seinem Versteck hervor und erlegt die Beute. Den arbeitsbeflissenen Toller fiebert es währenddessen schon heftig. Er kann selbstverständlich nicht nur famos nach Stöckchen und Bällen jagen, sondern genauso zuverlässig und rasch Haar- oder Federwild apportieren, auch aus dem Wasser. Denn er ist ein kraftvoller Schwimmer mit wasserfestem Haarkleid, der allen Witterungsbedingungen trotzt. Nicht umsonst ist die Rasse in einer Gegend geboren, in der das Meer allgegenwärtig ist – und deren Ureinwohner den Spitznamen „Blue Noses" trugen. Doch wie üblich darf der Vierbeiner erst dann zum Apportieren starten, wenn ihm sein Besitzer dies erlaubt. Also gilt es, gehorsam zu warten. Dann jedoch ist mustergültiges Suchen und Bringen angesagt und der Toller tut es, wenn nötig, stundenlang. Vielleicht doch ein Erbe des umwerfend guten Apportierers aus Neufundland?

DER TOLLER — EIN ECHTER WORKAHOLIC

Wirklich ein lustiger, spritziger Retriever, dessen Haltung allerdings keinesfalls so anspruchslos ist, wie oft behauptet wird. Denn seine unbändige Spielfreude und sein unermüdlicher Arbeitswille stellen Ansprüche an die Besitzer. Dieser Hund benötigt sinnvolle Beschäftigung und eine solide Grunderziehung. Er will gefordert und gefördert werden – regelmäßig, sonst wird er aufmüpfig. Im Haus freilich ist der Nova Scotia Duck Tolling Retriever ausgesprochen ruhig und anschmiegsam, draußen jedoch steht er fast durchwegs unter Hochspannung. Eingefleischte Toller-menschen kennen ihn nur allzu gut, diesen beharrlich erwartungsvoll-fragenden Blick ihres tatendurstigen Begleiters: „... und danach, was machen wir dann?"

Es stimmt, wer wollte es leugnen: Dieser Hund ist ein Traum von einem kleinen wieselflinken Arbeiter – lernwillig und immer bereit, sich mächtig ins Zeug zu legen. Der Duck Toller ist ein vollendeter Jagdbegleiter, der nicht nur sicher apportieren, sondern auch zielstrebig eine Fährte aufnehmen und ausdauernd verfolgen kann. Als leichter, trittsicherer, gewandter Hund ist er darüber hinaus für alle Sparten des Rettungshundedienstes geeignet. Auch beim Agilitysport macht er eine gute Figur, vorausgesetzt, er wird ruhig und mit Bedacht dazu angeleitet und – wie sich das für einen rechten Leistungssportler auch gehört – vor jedem Match genügend „gestretcht". Ansonsten hat man bald einen überaus hektischen Sprinter, noch dazu mit Muskelkater oder Schlimmerem.

Die Schnauze am Boden

DIE SINNE DER RETRIEVER

Düfte und Höreindrücke bestimmen die Welt der Retriever.
Doch neben Nase und Ohren ist auch der optische Sinn für
sie von großer Bedeutung. Wie sonst könnten sie unsere
Körpersprache wahrnehmen – das Kommunikationsmittel,
auf das Retriever so deutlich reagieren?

Superschnüffler IN IHRER WELT

Der zeitige Herbst schimmert in buntem Glanz, erstrahlt in den wärmsten Braun-
tönen der Farbpalette. Die Landschaft verströmt einen durchdringenden Duft nach
Pflückreife. Zuckervolle Beeren flammen in klaren, satten Farben auf. Auch wenn
Retrievern allgemein keine Gourmetzunge bescheinigt wird, bevorzugen sie doch
Süßes, genau wie wir.

Und so kostet die junge Hündin ein paar Beeren. Dann trabt sie schnell ihrem zweibeinigen Rudel nach, denn dieses hat heute Besonderes vor, das spürt sie genau. Was sie
noch nicht weiß: Herbstzeit ist Jagdzeit, Hochsaison für alle jagdlich ambitionierten
Retriever.

Der Abschuss dröhnt in den Ohren. Trotz ihres phänomenalen Hörvermögens,
das um so vieles empfindlicher ist als das unsrige, verzieht die Retrieverhündin indes
keine Miene. Wie gebannt starrt sie auf das, was ihre Menschen am Waldrand
veranstalten. Die kleine Jagdbegleiterin ist längst noch kein Jahr alt, deshalb darf sie
beim Ziehen der Schleppe einen Blick riskieren. Später, wenn sie ausgewachsen ist,
soll sie sich allein auf ihre unvergleichlich feine Nase verlassen. Und diese ist tatsächlich eine Meisterleistung der Natur, welche Hunde ihre Umwelt so ganz anders
erleben lässt – wie, davon können wir uns nicht die geringste Vorstellung machen.

LICHTEMPFINDLICHE BEWEGUNGSMELDER IN AKTION

Als ehemalige Jäger sind Hunde – wen verblüfft es? – mit einem erstklassigen Wahrnehmungsvermögen für Bewegungen ausgestattet. Es funktioniert mindestens zehnmal besser als das unsrige. Aufgrund der deutlichen Eigenschwingung ihrer Augäpfel, dem Augenzittern, arbeitet dieser Entdeckungssinn auch dann noch hervorragend, wenn die entsprechenden Bewegungen äußerst gering sind. Aus 500 Metern Entfernung erkennen sie unser Winken mit Leichtigkeit. Stehen wir in nur 30 Metern Abstand bewegungslos vor einem Baum, sehen sie uns oft nicht. Aufgrund der seitlichen Anordnung ihrer Augen am Schädel haben Retriever ein wesentlich breiteres Sichtfeld als flachköpfige Hunde mit ihren eng beieinander stehenden Kulleraugen. Sie können demnach weiter seitlich, dafür aber weniger gut räumlich sehen. Beim Training, bei dem wir sie mit Sichtzeichen dirigieren, gilt es diesen Aspekt zu berücksichtigen, damit keine Missverständnisse auftreten.

Diese Schlappohren stehen in ihrer
Peilfähigkeit den steil aufgerichteten
Ohren anderer Rassen kaum nach ...

Darüber hinaus besitzen sie ein sehr feines akustisches Unterscheidungsvermögen.

Mit ihrem „absoluten Gehör" können sie Töne differenzieren, die sich lediglich um

einen Achtelton voneinander unterscheiden. Ihr exzellentes Richtungshören bringt

ihnen ungeahnte Möglichkeiten der akustischen Orientierung, Lokalisation und

Erkennung. Es ist unter anderem bedingt durch die recht beweglichen Ohrmuscheln

ihrer Schlappohren, die auch unabhängig voneinander ausgerichtet werden können,

und durch ihre Fähigkeit, minimalste Lautstärkenunterschiede zu erkennen und

gezielt bestimmte Geräusche aus einer Schallmixtur herauszufiltern – um sie darauf-

hin verstärkt bzw. überhaupt nicht mehr wahrzunehmen. Wenn sich unsere Vierbei-

ner also ab und an einmal „taub" stellen, hat das meist andere Gründe als mangeln-

de Leistungen ihres Gehörapparates. Andererseits können scheinbar unbegründete

Verhaltensveränderungen auch auf Höreindrücke zurückzuführen sein, die wir in

dieser Weise gar nicht wahrnehmen können. Denn unser Gehör ist bei Frequenzen

zwischen 500 und 5.000 Hz am empfindlichsten, das der Retriever bei 1.000 bis

16.000 Hz – wohlgemerkt auch bei vierfach schwächeren Lautereignissen.

Fantastische SINNE

Ob das Aufspüren von Schimmelpilzsporen in Häuserwänden, Lecks in Gasleitungen, Drogen- oder Sprengstoffverstecken, Ertrunkenen oder unter Schneelawinen, Geröll und Trümmern Verschütteten – die einzigartige Retrievernase macht's möglich. Unterstützt wird dieses außergewöhnlich feinsinnige und absolut unersetzliche Riechorgan – in dem sogar Infrarotsensoren, also Wärmedetektoren vermutet werden – durch die bewundernswerte Sensibilität von Nasenschwamm, Lefzen, Zehen- und Sohlenballen und natürlich von den Tasthaaren um Schnauze und Augen. Sie nehmen die zartesten Luftströmungen und kleinsten Erschütterungen wahr und helfen so bei der Nahorientierung.

Wohlgemerkt: Retriever haben auch eine ganz vorzügliche Hörempfindung. Sie können Schall aus einer viermal weiteren Entfernung wahrnehmen als wir und hören somit außerordentlich schwache Geräusche, ebenso solche im Ultraschallbereich. Die obere Hörgrenze liegt bei rund 65.000 Schwingungen pro Sekunde, kann aber in Ausnahmefällen sogar 100 Kilohertz erreichen. Hochfrequente Laute von Mäusen in ihrem Versteck im Erdreich auszumachen, ist für Retriever demnach eine Kleinigkeit.

Auch Düfte unter dem Eis lassen sich erschnuppern – aus haarfeinen Rissen treten sie aus und erreichen die hündische Supernase.

So wenig bunt wie früher angenommen ist die Welt unserer Hunde demzufolge überhaupt nicht. Sie beschränkt sich lediglich auf ein kleineres Farbspektrum, nämlich auf Blau-Violett-Töne, Weiß und Gelbtöne. Der Grund: Hunde besitzen nur zwei Zapfenarten (mit Empfindlichkeitsmaxima bei Wellenlängen von rund 430 bzw. 570 Nanometern), wir hingegen haben drei. Die geringe Anzahl an farbtüchtigen Zapfen in ihrer Netzhaut bedingt die allgemein blasseren Farben. Zur optischen Orientierung dienen unseren Vierbeinern aber doch eher die unterschiedlichen Grautöne und Helligkeiten der verschiedenen Farben, also – wie schon beim „Stäbchensehen" – die Kontraste.

EIN DUFT OHNEGLEICHEN – ER ZIEHT SIE MAGISCH AN

Dessen ungeachtet nimmt die emsige Spurenleserin die Kaninchenfährte unbeirrt wieder auf. Mit wissender Nase prüft sie den Geruch, sprintet davon, den Hügel aufwärts. Schneller und schneller wird ihr schnürender Trab. Die Geruchsmoleküle in ihrer Nase beginnen sich zu verdichten, so stark ist der verlockende Duft. Nur noch wenige Meter, dann ist sie am Ziel: Knapp fünfzig Zentimeter liegt die tote Beute vor ihren Füßen.

Die Hündin bremst abrupt. Die Zehen ihrer Vorderpfoten graben sich in den Boden, die muskulöse Kruppe bäumt sich auf. Behutsam nimmt sie die Beute zwischen die Kiefer, dann wendet sie gekonnt. Mit fliegenden Ohren jagt sie die Strecke zurück zu ihrem geliebten Herrn und übergibt das Kaninchen unversehrt. Kaum zu glauben, dass dieser Retriever noch nie zuvor eine Wildschleppe gearbeitet hat. Ein vielversprechender junger Vierbeiner.

EINE WELT IN BLAU, WEISS UND GELB

Beinahe wären sie zusammengestoßen, die Retrieverhündin und der Fasanenhahn, der sich, in den schütteren Bewuchs gedrückt, hier zu verbergen suchte. Erschrocken schießt er aus der Deckung und flüchtet mit ellenlangen Schritten, dann erst fliegt er auf. Für einen kurzen Moment blickt ihm die Hündin erstaunt hinterher. Seinen grellen Ruf hört sie überdeutlich. Die schillernden Farben allerdings – das prächtige Bronzebraun des Gefieders, den flaschengrün glänzenden Kopf, die tiefrot leuchten- den Wangenlappen –, all das erkennt sie nur in blassgrauen, bestenfalls weiß-gelb- lichen Tönen. Denn ihre Farbwahrnehmung beschränkt sich auf einen kleineren Teil dessen, was wir an Farben zu erkennen vermögen. Zudem ist es mittlerweile schon etwas dämmrig – da funktionieren nur noch die hell-dunkel-aktiven Sinneszellen ihrer Netzhaut, die Stäbchen, ausreichend stark. Die für das Farbensehen zuständi- gen Zapfen brauchen helles Licht für ihre Aktionen. Trotzdem: Wäre der Vogel violett, indigo oder blau gefärbt – und draußen noch etwas mehr Licht vorhanden –, dann würde sie das sehr gut erkennen. Sogar unterscheiden könnte sie diese Färbungen voneinander, selbst wenn es sich nur um leichte Nuancen handelte. Das Erkennen von Blaugrün, Gelbgrün, Gelb und Orange oder des bei uns Zweibeinern so begehrten Rots ist ihr dagegen nicht möglich – wohl aber die Unterscheidung dieser Farben von Weiß. Interessant auch: Die Farbe Rot erscheint ihr vermutlich als Gelb.

Diesen betörenden Duft erkennt die Hündin sofort. In ihren ersten Lebenswochen, in denen sich Riechnerven und Gehirnzellen differenzierten, durfte sie ihn schließlich schon einmal für kurze Zeit einsaugen und ein derart grandioses Geruchsgedächtnis vergisst nichts, nicht einmal im hohen Alter. Nicht nur die gesamten Duftkompositionen kann es sich merken, sogar jede einzelne Komponente daraus.

Der feinen Witternase entgeht nichts, nicht einmal der Hauch einer Spur. Geradlinig – zuweilen schleifenförmig – verfolgt die Hündin die sorgfältig gezogene Schleppspur. Nur ein einziges Mal schert sie aus und sucht weiter abseits der Fährte. Nicht dass das unbedingt ein Fehler wäre. Vielleicht hat der Wind die Duftpartikel etwas verdriftet. Wieder kehrt sie auf die ursprüngliche Gerade zurück, schnellt voran, die Nase millimeterdicht über der Grasnarbe, die Rute himmelwärts. Plötzlich hält sie inne und stutzt: „Wo ist der Kaninchenduft?" Ihr markanter Riecher schnüffelt konzentriert, die Atmung ist sichtbar verstärkt. Mit heftigen glucksenden Ein- und Ausatemstößen saugt sie die bodennahe Luft begierig in sich ein. Nicht ein einzelner langer Atemzug, der die Rezeptoren mit Duftstoff übersättigen und ermüden könnte, nein, zahlreiche kurze, schubartige Schnüffelepisoden sind das. Da! Sie hat ihn wieder. Mit einem Ruck wirft sich die Hündin herum, schlägt einen scharfen Haken und läuft – im rechten Winkel zur Anfangslinie – weiter hinauf Richtung Wald.

Riechleistungen sind auch vom Stoffwechselgeschehen abhängig – Hündinnen haben oft ein noch besseres Geruchsvermögen als Rüden, insbesondere während ihrer Läufigkeit.

DIE RETRIEVERNASE — EIN ORGAN DER SUPERLATIVE

Der feucht-glänzende Retrieverriecher ist groß und lang gestreckt und bietet Platz für einen Naseninnenraum, der sich sehen lassen kann: Riechfläche 150 cm² – Riech-schleimhautdicke 0,1 mm – Riechzellenanzahl 270 Millionen. Dem haben wir mit 5 cm² Epithelfläche, 0,006 mm Schleimhautdicke und 5 Millionen Riechsinneszellen nur Unbedeutendes entgegenzuhalten. Doch nicht allein im Bereich des Riechorgans selbst, auch auf der Ebene der zentralen Verarbeitung von Duftinformationen sind wir rundweg Stümper: Im menschlichen Gehirn ist knapp 1 % des Platzes für Gerüche vorgesehen, beim Hund sind es dagegen mehr als 10 %.

Kurzum, der Hund hat die Nase vorn, auch in Bezug auf die vielen Raffinessen, mit denen dieses imposante Sinnesorgan zusätzlich aufwartet. Da gibt es zum Beispiel äußerst leistungsstarke Nasendrüsen für eine kontinuierliche Schleim- und Flüssig-keitsabsonderung. Die gasförmigen Duftstoffmoleküle der Luft sind nämlich leicht flüchtig und können nur dann in ausreichend engen Kontakt zu den zahllosen feinen Härchen der Sinneszellen treten, wenn sie dort in gelöster Form vorliegen. Und dafür eben sind enorme Flüssigkeitsmengen nötig. Eine trockene Nase hingegen mindert die Riechempfindung.

Auch gibt es in der Hundenase einen vorbildlich gesteuerten Ein- und Ausatem-mechanismus, der die Stärke des Luftstromes durch die Nasenhöhlen bedingt und damit die Duftstromgeschwindigkeit und die über das Riechepithel streichende Molekülmenge reguliert. Durch bewegtes Schnüffeln steigt die Geschwindigkeit auf bis zu 40 km/h – die im Vergleich zur normalen Atemfrequenz eingeatmete Luft-menge wird von rund 6 auf 60 Liter pro Minute erhöht. Regelrechte Turbulenzen können bei dieser Art der Ventilation entstehen, die den Transport der Duftmoleküle zu den Geruchsrezeptoren zusätzlich verstärken und die Riechleistung geradezu spektakulär verbessern.

Noch etwas mehr, auf nahezu 75 Liter pro Minute, steigt das Atemvolumen beim Hecheln, also dann, wenn der Luftstrom nicht allein über die Nasenwege, sondern zusätzlich durch die Mundhöhle geführt wird. Eine solche Atmungsweise mit bis zu 400 Atemzügen pro Minute dient freilich mehr der Flüssigkeitsverdunstung und Abkühlung als der Verbesserung der Geruchswahrnehmung. Trotzdem ist auch sie unverzichtbar, denn das gründliche Ausarbeiten einer Fährte ist für Hunde Schwerst-arbeit und heizt ihnen gehörig ein, vor allem im Sommer.

Jetzt aber ist es lau, ziemlich spät am Tag schon. Wie ein lohender Ball hängt die Sonne eine Handbreit über dem Horizont – gleich wird sie untergehen.

Jeder Atemzug bringt neue Duftmoleküle
herbei – für das gigantische Riechfeld und
seine unzähligen Rezeptoren ...

SEHNSÜCHTIGES ERWARTEN

Aufrecht, mit hochgerecktem Hals sitzt die junge Retrieverhündin gespannt im Gras – die Nasenlöcher leicht erweitert, die Augenbrauen hochgestellt, die Stirn in sorgenvolle Falten gelegt. Die klaren bernsteinfarbenen Augen funkeln neugierig. Mit einem Mal beginnen ihre Nasenflügel erregt zu flattern. Tiefdunkel getönt überziehen sie sich nun von innen heraus mit ein paar Tropfen weißer Flüssigkeit und wölben sich weit auf. Denn ihr Herrchen nähert sich mit ungewöhnlich ausladendem Schritt und fordert sie flüsternd auf, mitzukommen. Sofort eilt sie an seine Seite, um ihn zu begleiten. Am simulierten Anschuss heißt Herrchen sie, Witterung aufzunehmen. Unnötig zu sagen, dass der Hündin auch ohne weiteren Hinweis klar ist, was sie als Nächstes zu tun hat.

„SUUUCH" – EIN PFAD VOLL FESSELNDER GERÜCHE

Mit eifrigem Interesse beginnt sie das Gras abzusuchen. Jetzt am frühen Abend ist das Fährten einfacher. Die Temperatur am Boden ist noch ein klein wenig höher als die der Luft. Leicht können winzige Duftwölkchen aufsteigen, die die spannendsten Gerüche in sich tragen: Düfte von zertretenem Gras, zerquetschten Kleinstlebewesen und aufgebrochener Erde, Unmengen von Hautschuppen, die ihr Herrchen verloren hat, und obendrein – den würzig prickelnden Geruch eines Kaninchens.

LICHTREFLEXE MIT VERSTÄRKEREFFEKT

Je heller es ist, umso besser sind nicht nur Farben, sondern auch Bewegungen zu erkennen. Um möglichst viel Licht einzufangen, sind Hunde in der Lage, ihre Pupillen extrem weit zu öffnen. Zudem besitzen sie einen hocheffektiven „Restlichtverstärker" hinter der eigentlichen Netzhaut ihrer Augen, das Tapetum lucidum, das aufgrund seiner reflektierenden Eigenschaften auch schwächste Lichtstrahlen vervielfacht. Bei Dämmerlicht ist das hündische Sehvermögen dem unsrigen damit weit überlegen. Fernsehen ist für Retriever dagegen beinahe so langweilig wie für Stubenfliegen – von „ruhig bewegten" Bildern keine Spur. Rund 80 Lichtblitze pro Sekunde nehmen sie nämlich noch als Einzelereignisse wahr, erst bei höheren Frequenzen verlaufen diese zu konstantem Licht. Ungetrübtes Fernsehvergnügen für den vierbeinigen Kundenkreis versprechen allein die „Flimmerkisten" der neuen „100-Hz-Generation".

Den Blick konzentriert auf die Jagdbeute gerichtet, Riecher und Ohren auf Empfang: „Apport!" – da lässt sich selbst eine hochträchtige Hündin nicht zweimal bitten ...

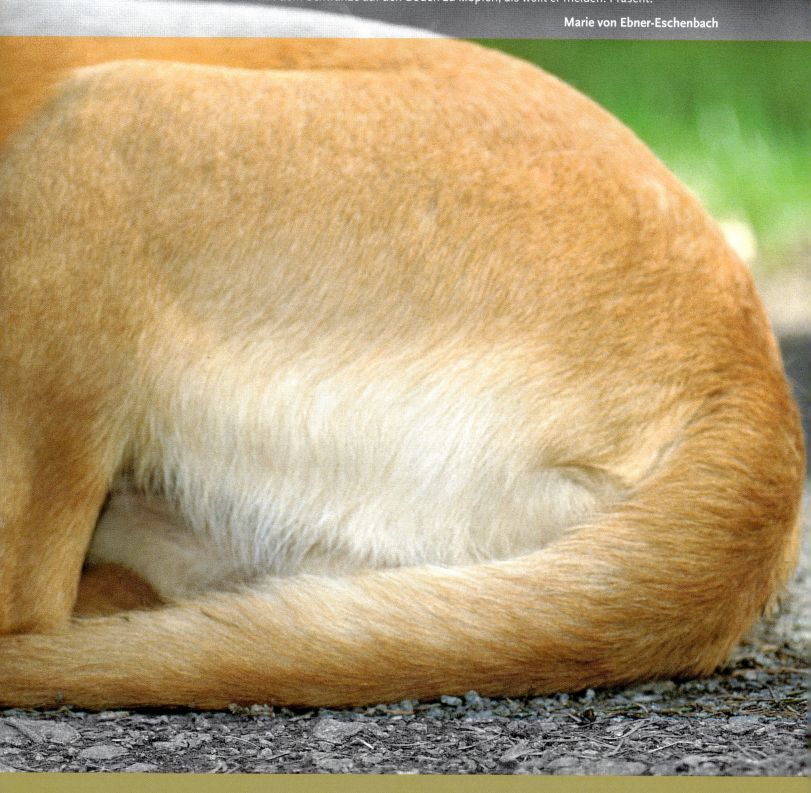

Dialog ohne Worte

DIE SPRACHE DER RETRIEVER

Krambambuli lag in der Ecke hinter seinem Herrn. Manchmal sah dieser sich nach ihm um, und der Hund, so tief er auch zu schlafen schien, begann augenblicklich mit dem Schwanze auf den Boden zu klopfen, als wollt er melden: Präsent!

Marie von Ebner-Eschenbach

BESTRICKENDES Mienenspiel

So wie Krambambuli – der treue Vierbeiner aus Marie von Ebner-Eschenbachs rühr-
seliger Geschichte – zeigen sich auch unsere Retriever. Die meisten Stunden des
Tages nämlich ruhen sie mit mehr oder minder fest geschlossenen Augen, in einer
Art Leichtschlaf – einem Schlummerzustand, aus dem sie extrem schnell erwachen
können. Warum? Ihre hochempfindlichen Sinnesorgane sind währenddessen fort-
während auf Empfang geschaltet: bereit, selbst die kleinsten Veränderungen der
Umwelt zu erkennen und zur zentralen Beurteilung ins Gehirn weiterzureichen. Nur
rund 20 Prozent ihrer Ruhezeit schlafen Retriever tiefer und schrauben zugleich auch
ihre fantastische Wahrnehmungsfähigkeit ein klein wenig zurück. Im so genannten
REM-Schlaf mit seinen typisch raschen Augapfelbewegungen träumen sie sogar:
Da schmatzen, knurren und winseln sie, bellen mit kaum geöffnetem Fang, geben
glucksende Wuffgeräusche von sich, die uns aufhorchen lassen, wenn wir sie zum
ersten Mal hören. Mitunter wird effektvoll mit der Rute gewedelt, mit den Pfoten
gezuckt oder werden Laufbewegungen mit den Unterschenkeln inszeniert.
Ein andermal bewegen sich die Hunde nicht wirklich, sondern spannen bestimmte
Muskelpartien nur kräftig an, um sie gleich darauf wieder vollständig locker zu lassen
– an den Gliedmaßen ebenso wie zum Beispiel im Gesichtsbereich. Je intensiver
die Sinneseindrücke während der Aktivitätsphase, umso vehementer ihr „Bewegungs-
träumen" in der nachfolgenden Ruhephase, so hat man festgestellt.

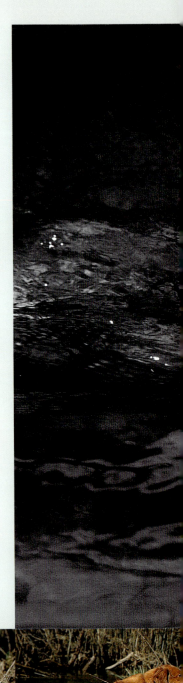

GEHEIMNISVOLLE Harmonie

Seinen Retriever dösend oder tief schlafend zu erleben, am besten eng an den eigenen Körper geschmiegt, ist eine der innigsten Empfindungen, die man sich zwischen zwei so unterschiedlichen Individuen vorstellen kann – schleierdünn die Lebensströme, die sacht vom einen zum anderen Organismus überfließen. Ein ähnlich überwältigend intensiver Austausch des Seelenlebens ist wohl nur noch bei einer gefühlvoll-träumerischen TTouch-Berührung möglich, bei der auch Retriever völlig loslassen können und zu entspannungsreicher Ruhe finden. Beeindruckend, wie sie uns dabei durch minimalste Bewegungen, Lautäußerungen oder mimische Wandlungen ihre Gefühle unmissverständlich zu vermitteln verstehen. Eine unglaublich beglückende Erfahrung, die man sich keinesfalls entgehen lassen sollte.

Überhaupt scheinen Retriever – vor allem die etwas älteren unter ihnen – ein echtes Verlangen zu spüren, sich uns zu offenbaren, uns an ihrem Dasein und ihren Empfindungen teilhaben zu lassen. Gleichzeitig beweisen sich diese Hunde täglich aufs Neue darin, unser Wesen und unsere Verhaltensweisen genauestens zu erkunden, in erster Linie wohl, um unsere Stimmungen zu erfühlen und zu beeinflussen.

Sie vertragen keine langatmigen Belehrungen, es langweilt sie obendrein. Auch das Androhen
von Höllenqualen hilft nichts – für derartige Verbalradikalitäten sind diese Hunde ohnehin nicht
empfänglich. Ein kurzes, freundliches, aber bestimmtes Kommando – und ein Retriever hat
verstanden; vorausgesetzt er ist an diesen Umgang schon seit Jugendtagen gewöhnt.

Was setzen sie nicht alles daran, um sich stressfrei in die „gemischte" Lebens-
gemeinschaft einzufügen und ein harmonisches Verhältnis zu uns zu pflegen?
Sämtliche Register hündischer Unterwürfigkeitsgepflogenheiten ziehen sie dafür.
Auch ihre willfährige und verbindliche Bereitschaft, mit der sie auf unsere Anweisun-
gen eingehen und unseren Aufforderungen nachzukommen versuchen, ist wirklich
auffällig und sicher keine auf Wunschvorstellungen beruhende Selbsttäuschung.
Eintracht und Verbundenheit – im hündischen Rahmen – sind den meisten
Retrievern bestimmt wesentliche Anliegen. Aufopferungsvolles Handeln, womög-
lich bis zur Selbstaufgabe, das allerdings ist Hunden fremd – so auch unseren
Retrievern. Sie verstehen sich dagegen auf ganz andere „Fertigkeiten"...

DER FUNKE SPRINGT ÜBER

Das Morgenlicht ist grau, der Himmel wolkenverhangen. Undurchdringlich, wie
dichte, zähe Gespinste aus Nylonfäden ziehen Nebelschwaden über das Häuser-
meer. Die Luft hat etwas unangenehm Feuchtes, Rheumatisches. An einem solchen
Tag mag man nicht hinaus. Aber siehe da: Wie zufällig im Flur neben der großen
alten Keramikvase, die schon tausendmal nur knapp dem fröhlich peitschenden
Rutenschlagen unserer Retriever entgangen ist, zwei flehende, beschwörende Augen.

*Nein, diese temperamentvollen Hunde sind
wirklich nichts für Jeden: nichts für Morgen-
muffel und schon gar nichts für fahle Büro-
gesichter – Retrieverhalter sind gefordert,
tagein, tagaus. Vorbei die Zeit mit den nutz-
los verbrachten Tagen, an denen kein Fuß vor
die Türe gesetzt wurde ...*

Oh, diese Augen – lackschwarz glänzend, verführerisch lockend, herzerweichend bittend. Auffordernd, ausdrucksstark. So oft wie die Vase dem Zerbersten entging, so oft haben diese Augen mich schon verzaubert, um den Finger gewickelt, konsequentes Handeln verhindert, ja, unmöglich gemacht. Dazu der schelmisch auf die Seite geneigte Kopf, die fragend aufgestellten Ohren. „Also gut, wir gehen ja gleich", murmle ich fast unhörbar leise vor mich hin. Da! Die Ohren kippen aufmerksam gespannt nach vorne – unserer „großen Schwarzen" ist dieser Entschluss nicht entgangen. Und während ich die Klinke der Kellertür hinunterdrücke und im Dunkeln am Kleiderhaken taste, das typische Blitzen in ihren Pupillen, das lautstarke Rutenklopfen. Zweifellos weiß sie ganz genau, was nun bevorsteht, denn dort hängt sie, die alte, fettig glänzende, von den zahllosen Einsätzen in Wind und Wetter rissig und spröde gewordene Wachsjacke, die für unsere Hunde wohl zum Inbegriff für gemeinsame Ausflüge geworden ist.

Die Augen in freudiger Erwartung auf seinen Menschen gerichtet, so zeigt sich der typische Retriever.

Sensibel – vom Welpenalter an. Retriever spüren jede Regung ihres Besitzers: Freut sich der Mensch – freut sich der Hund. Doch leider funktioniert diese Stimmungsübertragung auch dann, wenn der Zweibeiner bedrückt ist – sofort fühlt sich auch der Vierbeiner unwohl.

Irgendwann, so glaube ich, werden sie auch noch diesen Trick erlernen und – neben Halsband, Leine und Wanderstiefeln – die wuchtig-sperrige Jacke unbeschadet von ihrem Platz herunterholen, sie vorsichtig, ziehharmonikaartig gefaltet, in ihrem Fang platzieren, um sie uns als Ausdruck ihres innigsten Begehrens wie beiläufig vor die Füße zu legen. Denn so richtig aufdringlich werden Retriever bei solchen Aktivitäten selten. Weitaus subtiler ist ihr Vorgehen. Oft genügt allein die geheime Magie ihrer bloßen Anwesenheit, um uns wonnetrunken zum Mitmachen zu animieren.

Standhaft zu bleiben beim Anblick dieses Gesichtsausdruckes, dieser freudestrahlenden Augen, dieser untertänigst angelegten Ohren und verhalten wedelnden Rute, die derweil diskret unterhalb der Rückenlinie getragen wird – das ist, ehrlich gesagt, nicht ganz einfach. Dazu ihr entwaffnendes, stöhnendes Seufzen, mit dem sie sich an unsere Seite kuscheln und uns aufs Äußerste schmeicheln; nicht zu vergessen ihr sacht forderndes Pfötchengeben, ihr Kopfauflegen auf unseren Oberschenkel. All das lässt uns dann vollends dahinschmelzen: „Okay, überredet!"

Doch hin und wieder, und vor allem dann, wenn der Vierbeiner „den Aufstand proben" sollte, heißt es, eisern zu widerstehen. Ansonsten kann es über kurz oder lang Dominanzprobleme zwischen Hund und Halter geben. Und so weit freilich darf es nie kommen! Glücklicherweise jedoch haben die wenigsten Retriever derartige Ambitionen. Meist passen sich diese Hunde erstaunlich schnell an die Gegebenheiten an und akzeptieren jedweden liebevoll-konsequenten zweibeinigen Sozialpartner zeitlebens – widerspruchslos.

Lasst die Augen SPRECHEN!

Damit die gegenseitige Verständigung und der Umgang miteinander tatsächlich immer funktionieren, müssen natürlich auch wir bereit sein, unseren Retrievern zuzuhören – müssen lernen, sie zu „lesen". Und wir müssen ihnen die Chance geben, uns jederzeit richtig zu verstehen – nicht nur durch das gesprochene Wort, das ihnen im Laufe ihrer Entwicklung vom Wolf zum Hund so wichtig geworden ist, sondern auch durch eine eindeutige Körpersprache und: durch unseren Augenkontakt. Haben Sie es nicht auch schon erlebt, im Sommer mit einer dunkel gefärbten Sonnenbrille auf der Nase? Der Retriever wird unsicher, „versteht nur noch Bahnhof", wenn wir mit ihm „reden". Also runter mit dem die Augensprache verschleiernden Sichtschutz! Der Vierbeiner wird es danken – durch freudiges Erledigen aller Kommandos.

Doch manchmal ist es nicht allein das Glas vor den Augen, sondern eher ein zentimeterdickes „Brett vor dem Kopf", das die zwischenartliche Kommunikation erschwert. Trotz Anwendung ansonsten äußerst wirkungsvoller und erfolgreicher Strategien kann es nämlich durchaus einmal vorkommen, dass ein Vierbeiner bedeutend länger ausharren muss als üblich, bis er beim Menschen endlich Gehör findet. Nur gut, dass Retriever einen solch langen Atem haben.

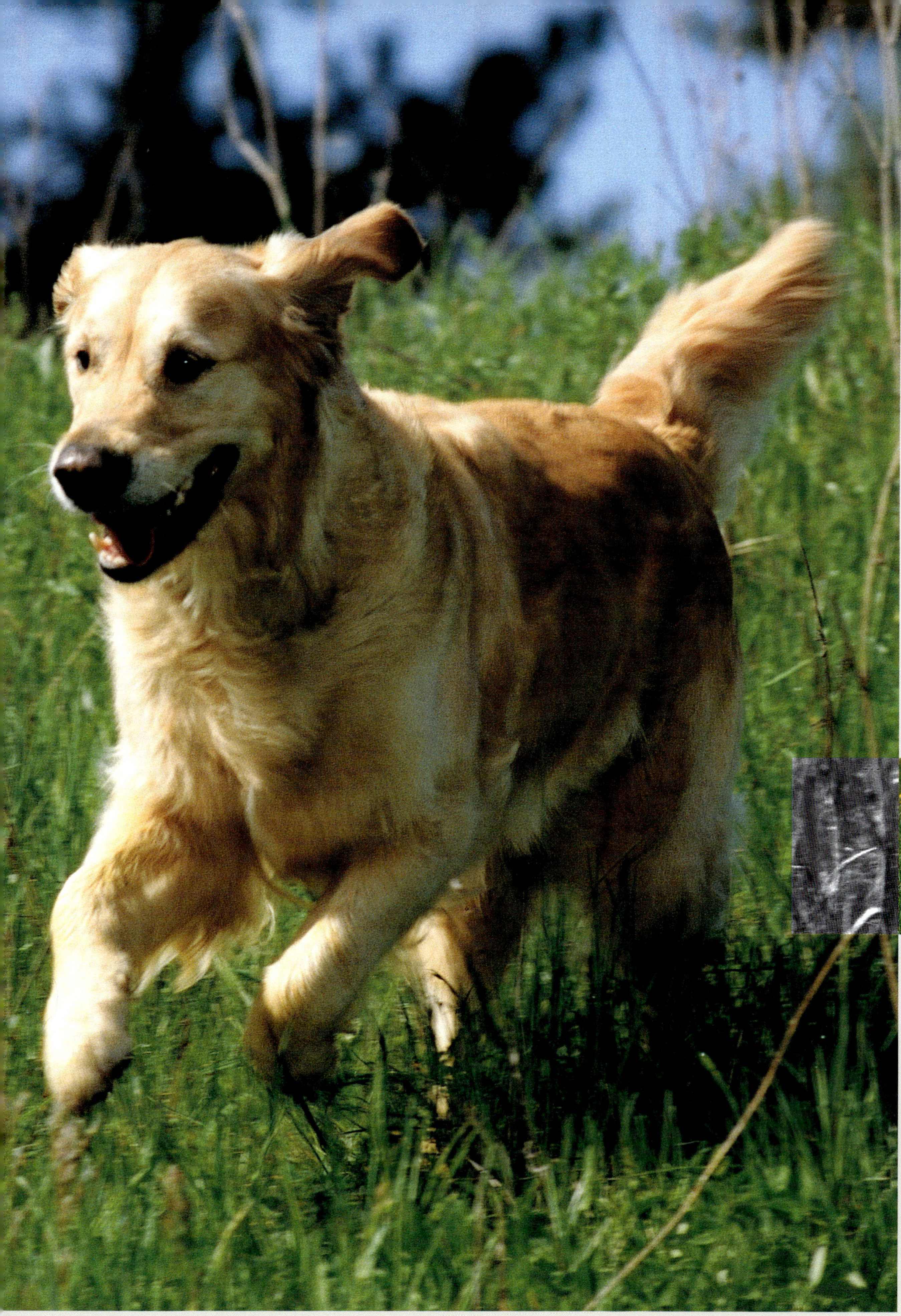

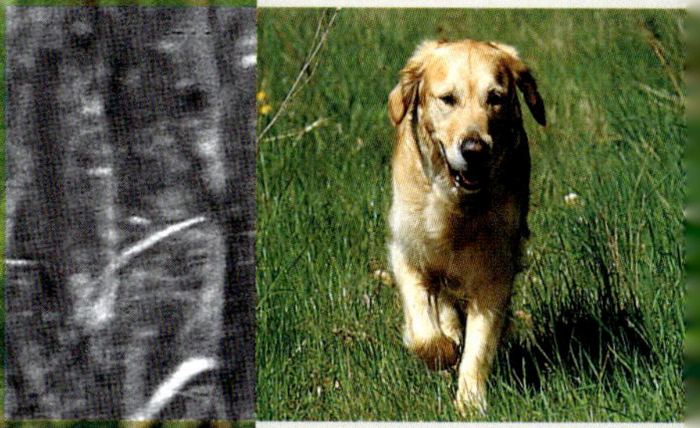

*Selbst eisiges Winterwasser scheuen sie nicht diese
Hunde, denen man sogar nachsagt, sie hätten
Schwimmhäute an den Füßen. Freilich sind das
nur Zwischenzehenhäute – doch auch sie verbessern die „Schubeigenschaften".*

Die Liebe der Retriever SIE IST WAHRHAFTIG BEDINGUNGSLOS

Schließlich hat das Pinkeln ein Ende. Leila ist wie umgewandelt. Mit leicht geöffneter

Schnauze, erwartungsvoll angekippten Ohren, glänzenden Augen und großen

Pupillen – ihrem typischen Wohlfühlgesicht – kommt sie auf mich zugestürmt. In

Erwartung des Aufpralls gehe ich in einen Ausfallschritt. Unter feuchtem Lecken

liebkost sie mein Gesicht, meine Ohren – es will gar kein Ende nehmen. Dann ihr

ruckartiges Kopfschütteln, das heftige Ein- und Ausatmen, das Abducken des

Körpers, das Einziehen der Hinterhand: untrügliche Zeichen für einen bevorstehen-

den „Rennanfall" – das blitzartige Im-Kreis-Flitzen als Ausdruck von Begeisterung

und Übermut. Heute geht der wilde Freudentanz sogar direkt um mich herum,

in kleinen, ja, winzigen Runden. Leilas muskulöse Rute, die dabei wie ein wandernder

Wirbelsturm gegen meine nackten Beine hämmert, raubt mir beinahe das Gleich-

gewicht.

Keine Frage: Dieser Hund ist überglücklich, hochzufrieden, dass die spannungs-

geladene Atmosphäre nun endlich verflogen ist. Und damit kehrt Leila auch

schon wieder zur Tagesordnung zurück, denn Schuldzuweisungen kennt sie nicht.

Beschämt hauche ich ihr einen Kuss auf den kühlen Nasenspiegel.

will to please

DIE WELT DER RETRIEVER

Retriever wollen uns freundlich stimmen. Darin sind sie Meister. Sie lieben das Lob, unsere gute Laune – dafür sind sie bereit, unendlich viel auf sich zu nehmen. Denn sind wir Zweibeiner zufrieden und ausgeglichen, steht auch für unsere Hunde alles zum Besten, haben auch sie ihren Spaß und ihren Freiraum.

*Gerade diejenigen Retriever,
die als Diensthunde ihre Arbeit tun,
brauchen solche Kurzweil besonders
dringend.*

Eine Welt FÜR RETRIEVER

Wenn der Hund am wärmenden Kaminfeuer ruhig vor sich hinschnorchelnd zu Herr-
chens Füßen liegt, könnte der leicht der Vorstellung erliegen, dies sei alles, was sein
Vierbeiner braucht. Doch weit gefehlt: Ein Retriever, gleich welcher Rasse, verlangt
neben menschlicher Nähe nach sinnvoller Beschäftigung und ausreichend Bewegung
– Tag für Tag, ein hoffentlich langes Leben lang. Und er benötigt vierbeinige Gesellschaft, möglichst oft. Ein passionierter Retrievermensch wird sich also erkundigen,
alle Hebel in Bewegung setzen, falls erforderlich, Karten oder E-Mails verschicken,
um Gleichgesinnte samt vierbeinigem Anhang zusammenzutrommeln und so
seinem vierbeinigen Gefolgschaftstreuen das dringend Benötigte, das seine Gesundheit und sein Wohlbefinden Erhaltende, zu verschaffen. Und ist es dann schließlich
so weit, gerät nicht nur der Retriever in Verzückung. Denn auf einem Retriever-
spaziergang spielt sich ein unvergleichliches Naturschauspiel ab, wie es für diese
Hunde nicht typischer sein könnte.

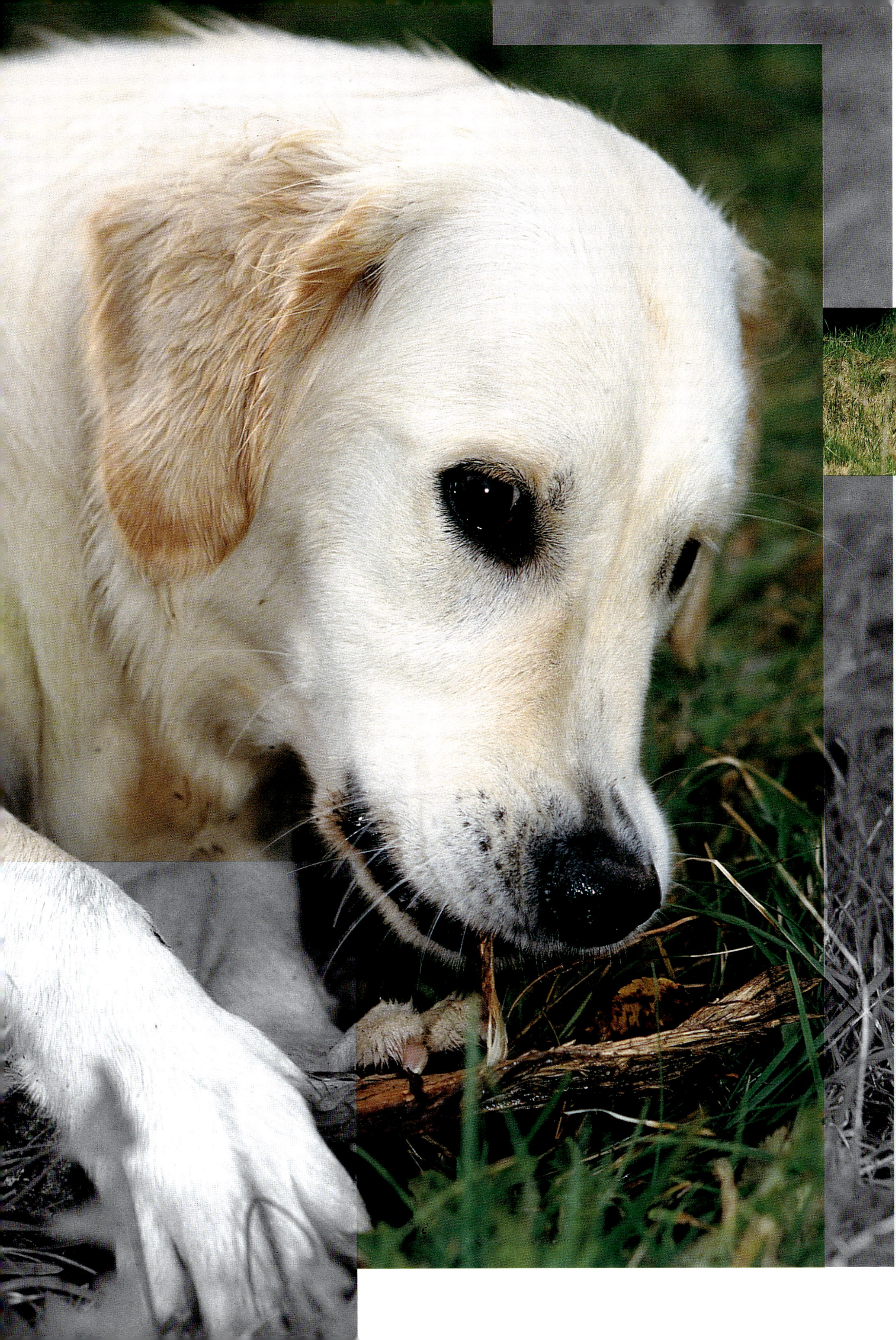

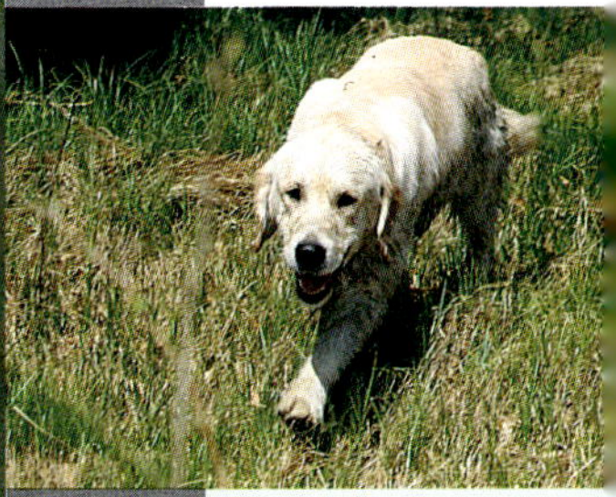

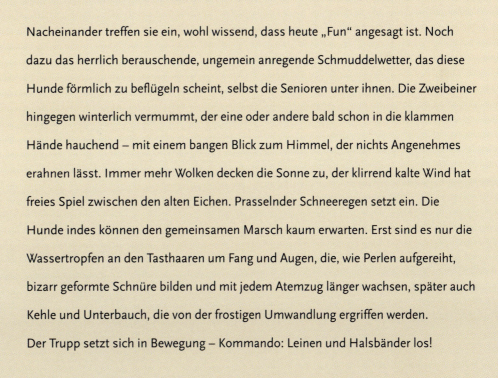

Nacheinander treffen sie ein, wohl wissend, dass heute „Fun" angesagt ist. Noch dazu das herrlich berauschende, ungemein anregende Schmuddelwetter, das diese Hunde förmlich zu beflügeln scheint, selbst die Senioren unter ihnen. Die Zweibeiner hingegen winterlich vermummt, der eine oder andere bald schon in die klammen Hände hauchend – mit einem bangen Blick zum Himmel, der nichts Angenehmes erahnen lässt. Immer mehr Wolken decken die Sonne zu, der klirrend kalte Wind hat freies Spiel zwischen den alten Eichen. Prasselnder Schneeregen setzt ein. Die Hunde indes können den gemeinsamen Marsch kaum erwarten. Erst sind es nur die Wassertropfen an den Tasthaaren um Fang und Augen, die, wie Perlen aufgereiht, bizarr geformte Schnüre bilden und mit jedem Atemzug länger wachsen, später auch Kehle und Unterbauch, die von der frostigen Umwandlung ergriffen werden.

Der Trupp setzt sich in Bewegung – Kommando: Leinen und Halsbänder los!

156 Retrieverläufe starten durch, preschen ungebremst über Stock und Stein, rammen aneinander, überspringen sich gekonnt. Schmutzigbraune Schottererde spritzt unter den fliegenden Pfoten. Das wirkt wie elektrisierend. Schlimmes befürchtend halten sich manche Retrieverbesitzer angstvoll die Hände vors Gesicht – spähen aber doch neugierig durch die Finger. Die Hunde jedoch überstehen alles wohlbehalten. Der erste Bewegungssturm hat sich gelegt.

Nun heißt es, sich genauer kennen zu lernen, geruchlich vorzugsweise. Mit witternder Nase und gründlicher Sorgfalt nehmen die lebhaften Vierbeiner reihum ihre „Analgesichter" unter die Lupe, denn dort ist die hundliche Geruchsaura bekanntermaßen am besten und unverwechselbar ausgeprägt. Die Gesichtszüge betrachtet man nur nebenbei. Gegenseitiges Anstarren nämlich wäre Kampfansage, und die gilt es tunlichst zu vermeiden. Denn Retriever knüpfen freundschaftliche Beziehungen, zu jedem. Kein ohrenbetäubendes Bellkonzert, kein notorisches Knurren oder Gezeter – Retriever begegnen sich eher lautlos. Es sei denn, eine Hündin wird von aufdringlichen Verehrern hartnäckig umlagert: Da zeigt sich dann schon, dass auch diese sanften Vierbeiner eine ausdrucksstarke, tönend-tragende Stimme besitzen.

Ein Bad zu jeder Jahreszeit – Retriever kennen keine kalten Füße. Sogar ein Festkleben auf dem Eis ist für sie kein Thema: Ein ausgeklügelter Gegenstrommechanismus der Blutzirkulation in ihren Läufen verhindert es.

*Der Hund ist ein Lebewesen, umwelt-
offen und in sehr starkem Maße auf das
Sammeln von Erfahrungen angewiesen.*

Eberhard Trumler

Verträglichkeit mit anderen Hunden, das war schon von Anbeginn ihrer Züchtung
ein außerordentlich wichtiges Bestreben. Schließlich hatten Retriever auf der Jagd
einträchtig zusammenzuarbeiten. Aufmüpfige Störenfriede und unverträgliche
Streithähne konnte man da nicht gebrauchen. Und so ist es auch heute überhaupt
keine Frage: Ein Retriever ist freundlich zu Artgenossen (freilich im hundetypischen
Rahmen und mit den gebotenen Dominanzbezeugungen), verhält sich notfalls
eben distanziert, sonst verdient er ihn eigentlich gar nicht – den Namen ***Retriever.***

ABENTEUER PUR – NICHT NUR FÜR HUNDE

Allmählich kristallisieren sich die Hauptinteressen der einzelnen Vierbeiner heraus.
Immer mehr Tiere mit ähnlich gelagerten Vorlieben rotten sich zusammen, unter
ihnen eine Schar Anti-Reinlichkeitsfanatiker, die betont lässig in Morastgruben stapft
und durch jede Pfütze watet. Es gibt diejenigen, die sich hingebungsvoll in Schlamm-
bänken suhlen (hierin beweisen sich meist Golden-Rüden als besonders penetrant)
oder sich in tierischen Überresten wälzen. Andere lassen sich unerwartet flink zu
Boden gleiten – den Nacken geschickt zur Seite gedreht zwecks intensiver Beduftung
mit Unaussprechlichem. „Herrjeh, das hat meiner" – so wird aufs Entschiedenste
versichert – „noch niemals getan!" Wie überzeugend!

Doch begegnet man auch gepflegteren Erscheinungen, die wohlriechend, erhobenen Hauptes und abfällig dreinschauend vorbeistolzieren, ebenso wie renommierten Lastenträgern, Hünen, bärenstarken Kerlen, die reichlich morsche Holzklötze schleppen, deren kolossales Gewicht in Erstaunen versetzt. Ausdrucksvoll tänzelnd, die Vorderfüße sorgsam einer vor den anderen gesetzt, die lange Rute – das Stimmungsbarometer – sichelgleich emporgereckt, so sieht man sie mit ihrer Fracht Aufmerksamkeit heischend an der endlosen Front des gemischten Pulks entlangpromenieren.

Wieder andere schuften wie verbissen: Ihre Köpfe sind fast vollkommen im feuchtkrümeligen, pilzig riechenden Untergrund verschwunden. Wonach steht denen wohl der Sinn? Spuren von Duftschwaden untergetauchter Nagetierchen fesseln sie unwiderstehlich – deshalb diese Plackerei. Doch ein schicksalhaftes „Nein!" gebietet dem verpönten, unzulässigen Treiben rasch Einhalt. Nicht übermäßig entzückt zwar, doch in Erinnerung an ihren „will to please", setzt sich die Riege Buddelwütiger zögernd in Richtung ihrer Menschen in Bewegung. Fingerdick kleben die Erdbrocken am Gaumen, augenfälliges Zeugnis begangener Missetaten. Dafür ernten sie, so versteht sich, kein Lob. Da helfen auch die begehrlichsten Retrieverblicke auf die prall mit Leckerchen gefüllten Taschen ihrer Besitzer nicht.

Artgenossen zum gemeinsamen Toben, kühles
Nass zur Erfrischung und ein Apportel im Fang:
Da fühlt sich jeder Retriever wohl.

Flats schweben scheinbar schwerelos vorbei. Doch gibt es auch andere Vertreter, solche von kompakterer Statur: unübersehbar einige Mahlzeiten zu viel auf den Rippen – nichtsdestotrotz ungeheuer gewandt in ihren Bewegungen. Mit beachtlicher Geschwindigkeit stürmen sie durch das sich stetig fortbewegende Labyrinth aus Menschenbeinen, Kinderwagen und Hundepfoten. Dass dabei gelegentlich ein Zweibeiner ernsthaft ins Straucheln gerät, scheint die ansonsten so umsichtigen Hunde heute offenbar nicht zu beunruhigen. Trotzdem: Eine Ausnahme gibt es.

Die Unsicherheit des stark Sehbehinderten, der diesmal zusammen mit seinem vierbeinigen Begleiter einen Ausflug gewagt hat, spüren sie instinktiv. Vor ihm und seinem Langstock machen sie abrupt Halt, umkreisen die Stelle weiträumig – nicht ängstlich, eher ungewöhnlich fürsorglich.

Am Ende dieser Wanderung sind alle Hundeerscheinungen mutiert: in schlamm-strotzende Ungeheuer. Solches Ungemach allerdings sollte ein Retrieverbesitzer augenzwinkernd wegstecken können, um nicht alsbald am Anblick seines Vierbeiners zu verzweifeln. Retrievermenschen brauchen Toleranz, zumindest hinsichtlich der überquellenden Matsch- und Wasserfreude ihrer Hunde.

Es ist schon eine ganz besondere Spezies Mensch, die Retrieverklientel. Trotz der einschneidenden Veränderungen, die sich durch das Zusammenleben mit einem solchen haarenden, rutenhämmernden, arbeitseifrigen Energiepaket in ihrem Leben ergeben, reagieren Retrieverhalter nicht ablehnend. Sie akzeptieren das alles nicht etwa zähneknirschend. Im Gegenteil: Retrieverliebhaber werden oft ernsthaft süchtig. Bereits nach kurzer Zeit des Zusammenseins verlangen sie regelrecht nach solchen vierbeinigen Zustandsveränderern.

Ein Retriever bleibt daher nur selten allein. Wo einer sein Auskommen findet, tut dies auch ein zweiter, ein dritter ... Häufig werden ganze Familien mit dem äußerst ansteckenden Retrievervirus infiziert. Die unausweichlichen, lebenslang anhaltenden Folgen sind, neben den typischen Hausständen und Lebensweisen, die Charaktere dieser Menschen: umgänglich, rührig, umweltoffen ...

Retriever sind eben unerreichte Routiniers im unauffällig prägenden Umgang mit ihren zweibeinigen Begleitern – Favoriten der liebenswürdig-gewinnenden Wesens-art. Wer immer noch daran zweifelt, der möge sich einmal in die Gesellschaft eines dieser wundervoll charmanten Geschöpfe begeben – und sich anschließend nicht darüber beklagen, dass auch er der Faszination dieser einmalig bezaubernden Hunde erlegen ist!

Feinfühlig, ausgeglichen, anpassungsfähig:
nur einige der Stärken dieser bezaubernden Hunde.

Margitta Becker und Veronika Thiele-Schneider
Golden Retriever
124 Seiten, 104 Farbfotos
ISBN 3-440-07807-8

Jean Donaldson
Hunde sind anders
... Menschen auch – so gelingt die
problemlose Verständigung zwischen
Mensch und Hund
294 Seiten
ISBN 3-440-08222-9

Nicole Hoefs und Petra Führmann
Das Kosmos-Erziehungsprogramm für Hunde
236 Seiten, 400 Farbfotos
ISBN 3-440-07775-6

Martin Pietralla
ClickerTraining für Hunde
128 Seiten, 240 Farbfotos
ISBN 3-440-08012-9

Karen Pryor
Positiv bestärken, sanft erziehen
Die verblüffende Methode
nicht nur für Hunde
208 Seiten
ISBN 3-440-07695-4

Brigitte Rauth-Widmann
Labrador Retriever
124 Seiten, 134 Farbfotos
ISBN 3-440-07800-0

Linda Tellington-Jones
Tellington-Training für Hunde
Das Praxisbuch zu TTouch und TTeam
112 Seiten, 232 Farbfotos
ISBN 3-440-07776-4

Labrador Club Deutschland e.V. (LCD)
Geschäftsstelle und Welpenvermittlung:
Karin Willkomm
Auf der Heide 1
D-41462 Neuss
www.labrador.de

Deutscher Retriever Club e.V. (DRC)
Geschäftsstelle und Welpenvermittlung:
Margitta Becker
Dörnhagener Straße 13
D-34302 Guxhagen
www.deutscher-retriever-club.de

Golden Retriever Club e.V. (GRC)
Geschäftsstelle:
Jürgen Rüter
Dietrichsweg 68
D-26127 Oldenburg
www.grc.de

Verband für das Deutsche Hundewesen e.V. (VDH)
Westfalendamm 174
D-44141 Dortmund
www.vdh.de

Österreichischer Kynologenverband (ÖKV)
Johann Teufelgasse 8
A-1238 Wien
www.oekv.telecom.at/hund

Schweizerische Kynologische Gesellschaft (SKG)
Länggaßstraße 8
CH-3001 Bern
www.hundeweb.org

Zitierte Quellen

Aldington, Eric H.W.: **Über die Seele des Hundes.**
Gollwitzer, Weiden, 1986.

Ebner-Eschenbach, Marie von: **Krambambuli.**
In: Vom gemeinen Metzgerhund und anderen
trefflichen Tölen. Hrsg. Hella Knappertsbusch.
Ullstein, Frankfurt Berlin, 1988.

Hawker, Peter: **Instructions of Young Sportsmen.**
In: Wolters, Der Labrador Retriever.

Krewer, Bernd: **Jagdhunde in Deutschland.**
BLV, München, 1996.

Lorenz, Konrad: **So kam der Mensch auf den Hund.**
dtv, München, 1965.

Maeterlinck, Maurice: **Beim Tode eines jungen Hun-**
des. In: Hundegeschichten. Hrsg. Dora Meier-Jaeger.
Manesse-Zürich im dtv, München, 1994.

Mann, Thomas: **Herr und Hund.**
Fischer, Frankfurt/Main, 1981.

Poortvliet, Rien: **Mein Hundebuch.**
Parey, Hamburg Berlin, 1987.

Thomas, Aaron: **Tagebuch mit der Aufschrift:**
A Journal Written During From England To
Newfoundland And From Newfoundland to
England In The Years 1794 and 1795, Adressed
To A Friend. In: Wolters, Der Labrador Retriever.

Trumler, Eberhard: **Hunde kennen und lieben.**
Engelbert, Balve, 1980.

Wolters, Richard A.: **Der Labrador Retriever, Seine**
Geschichte, Seine Menschen.
Kynos, Mürlenbach, 1992.

IMPRESSUM

Umschlaggestaltung von eStudio Calamar
Titelfotos von Karl-Heinz Widmann

Mit 186 Farbfotos von Karl-Heinz Widmann

Die Deutsche Bibliothek – CIP-Einheitsaufnahme
Ein Titelsatz für diese Publikation ist bei der Deutschen
Bibliothek erhältlich.

1. Auflage
© 2001, Franckh-Kosmos-Verlags-GmbH & Co., Stuttgart
Alle Rechte vorbehalten
ISBN 3-440-08895-2
Redaktion: Ute-Kristin Schmalfuß
Gestaltungskonzept und Satz: eStudio Calamar
Produktion: Markus Schärtlein, Kirsten Raue
Gesamtherstellung: Neue Stalling, Oldenburg
Printed in Germany/Imprimé en Allemagne

Informationen senden wir Ihnen gerne zu

Bücher · Kalender · Spiele
Experimentierkästen · CDs · Videos
Seminare

Natur · Garten & Zimmerpflanzen ·
Heimtiere · Pferde & Reiten ·
Astronomie · Angeln & Jagd ·
Eisenbahn & Nutzfahrzeuge ·
Kinder & Jugend

KOSMOS

Postfach 10 60 11
D-70049 Stuttgart
TELEFON +49 (0)711-2191-0
FAX +49 (0)711-2191-422
WEB www.kosmos.de
E-MAIL info@kosmos.de

Die Ratgeber mit dem großen Service

Brigitte Rauth-Widmann
Labrador Retriever

124 Seiten
134 Abbildungen
gebunden

ISBN 3-440-07800-0

Ob blond, ob braun, ob schwarz – der Labrador Retriever erobert die Herzen im Sturm. Kinderlieb, unkompliziert und anpassungsfähig ist der Labrador ein Hund für alle Lebenslagen.
Brigitte Rauth-Widmann, Expertin für Labrador Retriever, weiß und schreibt, was diese lernfreudigen Hunde wirklich brauchen.

▸ **Dieser Ratgeber erklärt alles, was man bei Anschaffung und Haltung beachten muss**

▸ **Mit Rassestandard, Lexikon, Infoline und Hundepass**

Margitta Becker und Veronika Thiele-Schneider
Golden Retriever

124 Seiten
104 Abbildungen
gebunden

ISBN 3-440-07807-8

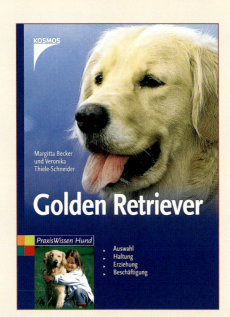

Golden Retriever: intelligent, liebenswürdig und leicht zu erziehen. Hundefreunde schätzen sie als begeisterte Sportkameraden, zuverlässige Apportierer und kinderfreundliche Familienhunde.
Die Golden-Retriever-Expertinnen Margitta Becker und Veronika Thiele-Schneider beschreiben die rassegerechte Haltung, Pflege und Erziehung, die diese freundlichen Hunde wirklich brauchen.

▸ **Praktischer Serviceteil mit Tabellen, Checklisten und Erziehungsplänen**

▸ **Kosmos-Infoline – Fragen Sie Margitta Becker und Veronika Thiele-Schneider**

Hundeerziehung und Gesundheit

Isabell Tammer
Hundeernährung

124 Seiten
96 Abbildungen
gebunden

ISBN 3-440-07938-4

Lecker, leicht verdaulich und gesund – so soll Hundefutter sein. Mit einer hochwertigen und ausgewogenen Ernährung in allen Lebensphasen macht Ihr Hund immer eine gute Figur, ist fit und fühlt sich wohl. Die Ernährungsexpertin und Tierärztin Isabell Tammer weiß und schreibt, wie es geht.

▸ **Das richtige Futter für junge und alte, gesunde und kranke Hunde**

▸ **Mit Infos zu Futterarten und -bestandteilen**

Frank Lausberg
Erste Hilfe für den Hund

124 Seiten
77 Abbildungen
gebunden

ISBN 3-440-07691-1

Bisse, Verkehrsunfall, Hitzschlag oder Erkrankung – im Notfall kann es um Minuten gehen. Bevor man einen Tierarzt erreicht, können die richtigen Handgriffe über die Gesundheit des Hundes – und oft sogar über Leben und Tod – entscheiden. Praxisorientiert und leicht verständlich erklärt der Tierarzt und Erste-Hilfe-Experte Frank Lausberg, was im Ernstfall getan werden kann.

▸ **Viele Schritt-für-Schritt-Anleitungen in Text und Bild**

▸ **Mit Gesundheits-Check, Notfall-Apotheke, Rechtsratgeber und Infoline**